自己調整学習の成立過程

学習方略と動機づけの役割

伊藤崇達 著
Ito Takamichi

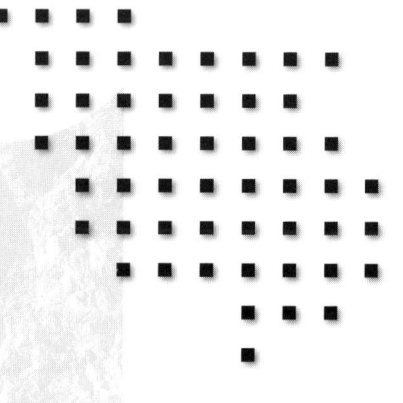

北大路書房

目　次

第1章　自己調整学習研究の問題点

第1節　自己調整学習研究の背景　*1*
  1. 日本の教育の現状　*1*
  2. 自己調整学習研究の理論的背景　*3*
第2節　本研究における自己調整学習の概念定義　*16*
第3節　本研究で着目する動機づけ関連変数　*17*
第4節　学習方略研究の概観　*19*
  1. 概念整理　*20*
  2. 学習方略のカテゴリーとその問題　*21*
  3. 認知的側面と動機づけ的側面の自己調整学習方略の機能差　*23*
第5節　自己調整学習と発達の問題　*27*
第6節　自己調整学習に関する実践的研究　*28*
第7節　本研究の意義　*30*
第8節　本研究の目的と構成　*31*

第2章　学業達成における自己調整学習
――学習方略と動機づけとの関連――

第1節　認知的側面の自己調整学習方略と動機づけ関連変数との関係（研究Ⅰ）　*35*
第2節　認知的側面および動機づけ的側面の自己調整学習方略と動機づけ関連変数および動機づけとの関係　*40*
  1. 動機づけ的側面の自己調整学習方略尺度の作成（研究Ⅱ）　*40*
  2. 認知的側面および動機づけ的側面の自己調整学習方略と動機づけ関連変数および動機づけとの関係――因果関係と機能差の検証（研究Ⅲ）　*50*
  3. 自律的動機づけ，自己調整学習方略の使用，思考力の因果モデルの検証（研究Ⅳ）　*55*

第3章　発達の視点からみた自己調整学習

- 第1節　メタ認知の発達と自己調整学習方略の知識と使用（研究Ⅴ）　*61*
- 第2節　発達段階と自己調整学習方略の獲得　*68*
    1. 自己調整学習方略を獲得した時期，リソース，様式に関する検討（研究Ⅵ）　*68*
    2. 自己調整学習方略の獲得と動機づけ（研究Ⅶ）　*76*

第4章　自己調整学習の育成を支援する試み
——自己調整学習方略の獲得の促進——

- 第1節　学習活動の振り返りによる自己調整学習方略の使用を促す働きかけ（研究Ⅷ）　*83*
- 第2節　個に応じた自己調整学習方略の使用を促す働きかけ（研究Ⅸ）　*90*
- 第3節　授業場面における自己評価および自己調整学習方略の使用を促す働きかけ（研究Ⅹ）　*98*

第5章　自己調整学習研究の今後に向けて

- 第1節　本研究の結果の総括　*113*
- 第2節　得られた成果と今後の課題　*118*
    1. 諸側面から構成され諸機能をもつ自己調整学習方略　*119*
    2. ミクロ・マクロプロセスとしての自己調整学習　*121*
    3. 学習方略支援システムの構築　*123*
- 第3節　自己調整学習研究の今後の展望のために　*124*
    1. 自己調整学習方略をとらえる側面——認識-身体の次元から　*124*
    2. 新たな方法論による自己調整学習の検証　*126*
    3. おわりに——研究の萌芽　*129*

資料　*131*
文献　*137*
人名索引　*145*
事項索引　*147*
謝辞　*151*

第1章

自己調整学習研究の問題点

　本章では，自己調整学習研究の理論的背景について広く概観し，研究が抱える問題について指摘する。これらをふまえた上で，本書の中で進められる各研究の目的と構成について，その概略を示す。

▎第1節　自己調整学習研究の背景

1．日本の教育の現状

　日本の学校教育では「生きる力」の育成が教育目標として掲げられている。中央教育審議会（1996）の答申によれば，「生きる力」とは，具体的には，①自分で課題を見つけ，自ら学び，自ら考え，主体的に判断し，行動し，よりよく問題を解決する資質や能力，②自らを律しつつ，他人とともに協調し，他人を思いやる心や感動する心など，豊かな人間性，③たくましく生きるための健康や体力，の３つの側面からなることが示されている。近年では，学力低下論争など，教育現場の様々な問題を受けて，「生きる力」の知的側面は「確かな学力」として提起されるようになり，そうした力を育むことの重要性がさらに強調されるようになってきている（中央教育審議会，2003）。
　ほぼ60年ぶりに改正された教育基本法，学校教育法においても「自ら進んで学習

に取り組む意欲を高めること」や「主体的に学習に取り組む態度を養うこと」(教育基本法6条, 学校教育法30条, 49条, 62条)が明記され, これらをふまえ, 新しい学習指導要領においても, 自ら学び自ら考える力の育成や, 学習意欲の向上, 学習習慣の確立を図ることがさらに求められるようになってきている。

　こうした教育の流れは, 従来,「自己教育力」や「新しい学力観」といった言葉で表現されてきた考え方の延長にあるものである。「自己教育力」や「新しい学力観」といった考え方は, 知識の詰め込みに偏してきた従来の教育に対する批判から出てきたものであり, 変化の激しい現代社会においては, 学校で学ぶ知識や技能だけでは不十分であり, 生涯学習の基盤となる「生きてはたらく知識」「主体的に学びつづける力」を身につける必要があるというものである。単に詰め込まれた知識・技能ではなく, 関心・意欲といった動機づけに支えられた, 生きてはたらく知識・技能を身につけることが大切なのであり, 社会に出てからも生涯にわたって自ら学んでいく力を育むことが学校教育において求められるようになってきているのである。

　このような教育目標を実現するために, 現行の学校カリキュラムにおいては,「総合的な学習の時間」などが設けられ, 子どもたちが自らの興味・関心に基づいてテーマを掲げ, 自分たちで調べたり体験したりといった活動を通してテーマを追究し, 自分なりの表現, 発表へと結びつけていく, といった学習支援や実践が盛んに取り組まれるようになっている。これまでに教育現場では様々な取り組みがなされてきており, 多くの蓄積がみられるが, しかし, 心理学的なメカニズムの説明や実証的な知見に基づく実践が十分になされてきたかといえば, 必ずしもそうではない現況があるように思われる。「生きる力」や「自ら学ぶ力」といった教育目標を単なる理念にとどめてしまうのでなく, 実践の中で実現していくことを企図するためには, 心理学の観点から理論的, 実証的な検討を進めていくことが求められるであろう。

　欧米の教育心理学研究においては, 1990年代あたりから「自ら学ぶ力」を理論的, 実証的に解明しようとする動きがみられるようになっている。上述したような教育において求められている心理的側面は, 従来の研究領域でいえば,「動機づけ(motivation)」や, 認知心理学における「学習方略(learning strategy)」の問題と深くかかわりをもつものであろう。近年では, 動機づけ研究や認知心理学の研究知見を含み込み,「自己調整学習(Self-Regulated Learning)」[1]の概念が注目を集めている。「自己調整学習」に関する研究は, 北米を中心に, ヨーロッパ, アジアにおいても精力的

---

1)「自己制御学習」と訳されることもある。また, 教育学的な幅広いニュアンスを含んだ「Self-Directed Learning」の語が用いられることもある。

に進められており，多くの研究者によって精緻な理論化が試みられ，実証的な検討が積み重ねられてきている（Schunk & Zimmerman, 1994, 1998, 2008 ; Zimmerman & Schunk, 2001）。2008年，2009年にアメリカやヨーロッパにおいて開催された心理学関係の国際学会をみても，「自己調整学習」をテーマとする多くのシンポジウムが組まれ，また，研究報告も盛んに行われ続けている。

こうした研究動向をふまえ，本書では，「自己調整学習」の概念に着目し，実証を試みるが，本邦において「自己調整学習」を中心に据え，詳細な検証を試みた研究は，ほとんどみられないのが現状である。「自己調整学習」の理論は，日本の教育目標とされている「自ら学び自ら考える力」すなわち「生きる力」の考え方と深いかかわりをもつものであり，大きな示唆を与えることが期待される。そして，現在，教育現場で生じている学力低下等の様々な問題に応じる意味でも，また，「生きる力」を養い，学習支援の方策を考えていく手がかりを得るためにも，「自己調整学習」の成立過程を明らかにする研究が切に求められているといえるだろう。

2. 自己調整学習研究の理論的背景

自己調整学習研究の進展は著しく，多様な理論が提出されている現況がある。本書の研究目的を焦点化していくにあたって，どのような理論をベースに検証を進めていくのか，背後にどのようなグランド・セオリーを想定しているのかを明確にするために，自己調整学習の理論群の概観をしておくことにする。これは，本邦において，自己調整学習の諸理論が十分に浸透していないこともあり，また，多様な理論的アプローチによって自己調整学習研究が進められているという動向をおさえておく意味もあってのことである。しかし，理論に関する詳細な比較検証は，本書の範囲を超えるものであり，今後の検討を待つものではある。

(1) Zimmermanの社会的認知モデル

Zimmerman（1986, 1989）は，「自己調整」を「学習者が，メタ認知，動機づけ，行動において，自分自身の学習過程に能動的に関与していること」と定義している。このようにして進められる学習が自己調整学習であり，自己調整学習方略，自己効力感，目標への関与が，その重要な構成要素としてとらえられている。

Zimmermanの社会的認知モデルの理論的背景には，Bandura（1986）の社会的認知理論（social cognitive theory）がある。Bandura（1986）は，社会に生きる人間が周囲の環境との相互作用を通して行動を変容させていく過程を理論化している。Figure 1-1にあるように，個人要因，行動，環境要因の三者が相互に作用をし，規定

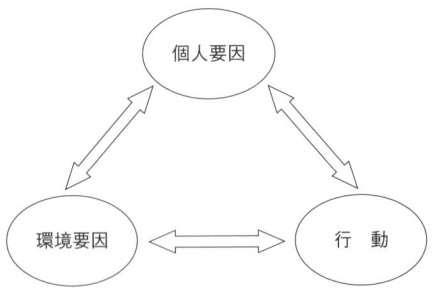

Figure1-1　相互作用論（Zimmerman & Schunk, 2001をもとに作成）

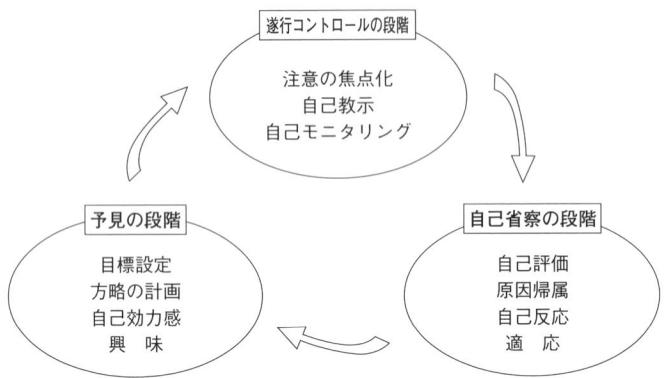

Figure1-2　自己調整学習における3段階の過程（Schunk & Zimmerman, 1998をもとに作成）

し合う関係が仮定されており，これは「相互作用論」と呼ばれている。

　自己調整学習のプロセスとしては，Figure 1-2のような「予見」「遂行コントロール」「自己省察」の3段階で構成される循環的なプロセスが考えられている。「予見」の段階とは，実際の遂行に先行するもので，活動の下準備をするプロセスのことをいう。「遂行コントロール」の段階とは，学習中に生じるプロセスであり，注意や活動に直接影響を与えるプロセスのことである。「自己省察」の段階は，遂行後に生じるプロセスのことであり，自らの努力に対して反応をなすプロセスのことである。

　学習場面に入る際，「予見」の段階において，学習者は，何らかの目標をもっており，また，目標を成し遂げることに対する自己効力感や課題についての興味の程度は様々である。ここで，どのように学習を進めていくかについて計画が立てられる。「遂行コントロール」の段階では，学習や動機づけに影響を与える学習方略が実行される。

Table1-1 自己調整する力の発達 (Zimmerman & Schunk, 2001をもとに作成)

発達のレベル	社会からの影響	自己からの影響
観察的レベル	モデル 言葉による説明	
模倣的レベル	社会的ガイダンス フィードバック	
自己制御されたレベル		内的基準 自己強化
自己調整されたレベル		自己調整的なもの 諸過程 自己効力感 信念

遂行がうまくなされるように注意の焦点化，自己教示，自己モニタリングが行われる。「自己省察」の段階になると，学習者は，自己評価という重要なプロセスに携わるようになる。自分の学習成果が基準をどのくらい満たしたかについて自己評価をし，そして，なぜうまくいったのか，あるいは，うまくいかなかったのかについて考える（原因帰属）。自分の能力や努力によって成功したと考えれば，肯定的な自己反応をもたらすであろう。方略に問題があれば，修正がなされるであろう（適応）。「自己省察」の結果は，次の「予見」の段階に反映され，循環的なプロセスとして成立していく。

また，Zimmerman & Schunk（2001）は，Table 1-1にあるように，自己調整する力が4つのレベルに沿って発達していくものと考えている。はじめのうちは社会的な起源から発達していくが，時間の経過とともに自己を起源とするものに変化していくものと考えられている。最初の2つのレベル，「観察的レベル」と「模倣的レベル」が主として社会的な要因に基づくものであり，これらに対して，次の2つのレベル，「自己制御されたレベル」と「自己調整されたレベル」は影響の源が学習者自身の側に移行した段階とされている。

学習の初期段階では，社会的モデリング，学習指導，課題の構成，励ましによってスキルや方略の獲得が進んでいく。この観察的レベルで，方略の主たる特徴を学ぶことになるが，スキルを伸ばしていくためには，フィードバックを伴う実践練習が必要になってくる。学習者の遂行がモデルの遂行の形式全般にかなり一致するものとなったとき，模倣的レベルに達する。学習者は，モデルの活動をただまねるのではなく，モデルの全体的な様式や型を模倣するのである。はじめの2つのレベルの主な相違点は，観察的学習が，観察的レベルでの習得のみをさしており，模倣的学習は，これに

遂行能力を伴うものとされている。

　第3の自己制御されたレベルの特徴は，同じような課題をする際に，学習者が独立してスキルや方略を利用できるようになるところにある。この段階において，スキルや方略が学習者の中に内面化されるが，それは，モデルの遂行に基づいて形成された内的表象（内潜的なイメージや言語的な意味内容）という形をとる。学習者が，独自の表象を形作るということはなく，また，効率性の基準に従って遂行を内的に調節するようなこともみられない。第4の自己調整のレベルに至って，学習者は，個人的条件や文脈的条件の変化に合わせて組織的にスキルや方略を適用することが可能となる。このレベルで，学習者は自らスキルや方略の利用を判断し，状況の特徴に応じて調整を加え，個人的な目標や目標達成への自己効力感を通じて動機づけを維持していくことができるようになる。

　以上が社会的認知モデルの概略であるが（さらに詳しい内容については，Schunk, 2001／伊藤（訳），2006を参照），自己調整学習のプロセスとその要素が特定され，様々な尺度や測定が開発されてきており，調査研究や実験研究，実践への介入研究など，盛んに検討が行われてきている。欧米の研究においては，実証的な検証がかなり進められているモデルであるといってよいだろう。

(2) Pintrichによる自己調整学習のモデル

　Pintrich（2000）は，次のような図式的な枠組みを提唱している。すなわち，4つの段階，4つの領域からなる4×4のクロス表によって自己調整学習の説明を試みようとしている（Table 1-2を参照）。4つの段階として「予見」「モニタリング」「コントロール」「省察」があげられており，また，4つの領域として「認知」「動機づけと感情」「行動」「文脈」が考えられている。

　例えば，「予見」の段階において生じる自己調整活動としては，「認知」領域では，内容に関する知識やメタ認知的知識の活性化など，「動機づけと感情」では，自己効力の判断や目標志向の適用，「行動」領域では，時間と努力のプランニングなど，「文脈」領域では，課題や文脈の認知が想定されている。同様に「モニタリング」の段階では，4つの領域に関する意識とモニタリング，第3の「コントロール」では，4領域を調整する方略の選択と適用が考えられている。そして，第4の「省察」には，認知的判断，感情反応，行動の選択，課題と文脈の評価といった内容が含まれている。この枠組みは，ヒューリスティックなものであり，すべての学習において，いつも明示的な自己調整が行われるわけではない。4つの段階には，時間的な順序が一般的には想定されているが，ダイナミックなプロセスの可能性についても否定するものではない。

Table1-2 Pintrichによる自己調整学習に関する枠組み（Pintrich, 2000をもとに作成）

段階	調整の領域			
	認知	動機づけと感情	行動	文脈
予見	・目標設定 ・内容に関する知識の活性化 ・メタ認知的知識の活性化	・目標志向の適用 ・自己効力の判断 ・課題の困難度の認知 ・課題の価値づけ ・興味の喚起	・時間と努力のプランニング ・行動の自己観察のためのプランニング	・課題の認知 ・文脈の認知
モニタリング	・メタ認知的意識と認知のモニタリング	・動機づけと感情についての意識とモニタリング	・努力，時間の利用，援助の必要性についての意識とモニタリング ・行動の自己観察	・課題や文脈の条件に関する変化のモニタリング
コントロール	・学習や思考のための認知的方略の選択と適用	・動機づけと感情を調整する方略の選択と適用	・努力を増減させること ・持続すること，あきらめること ・援助要請行動	・課題を変化させたり，再び取り組んだりすること ・文脈を変化させたり，そこから離れたりすること
省察	・認知的判断 ・原因帰属	・感情反応 ・原因帰属	・行動の選択	・課題の評価 ・文脈の評価

　Pintrichのモデルの特徴としては，自己調整学習の中に動機づけ概念，とりわけ，目標理論（マスタリー vs. パフォーマンスと接近 vs. 回避の2次元の組み合わせ）を強調しようとするところに独自性がみられるが，全体としては，Zimmermanの社会的認知モデルとかなり近い考え方をとっている理論であると思われる。

(3) Borkowskiによるメタ認知のプロセス志向モデル

　Borkowskiは，方略の般化の問題に取り組んできた研究者であり，メタ認知を重視したモデルを想定している（Borkowski, Chan, & Muthukrishna, 2000）。子どもが学習方略の利用を学ぶことで，自己調整の発達が進んでいくものと考えられている。そのプロセスは，以下のようなものである。

　まず，特定の方略の属性に関する知識を蓄積し，しだいに，別の方略の知識も増やしていくようになる。多様な文脈の中でこれらの方略が適用されていくが，そうすることで，利用可能な特定の方略に関する知識がさらに豊かに広がっていくようになる。適切な方略を選択したり遂行をモニターしたりすることができるようになって，自己

調整が生じ始める。そして，自己調整的なプロセスが確立するようになるとともに，方略的な行動の有用性についても認めるようになっていく。また，方略使用と，その個人の動機づけの状態が結びつくことで，自己効力感と帰属信念が形成されてくるようになる。こうした側面には，認知活動に伴う成功・失敗やその原因についてのフィードバックが深くかかわっている。フィードバックによって引き出された動機づけは，実行プロセスを活性化させることになり，その後の方略選択を規定していくことになる。最終的には，自己価値や学習目標などを含む自己システムによって構成されるようになる。

　以上がモデルの概略であるが，方略の選択と利用が，このモデルにおいて最も重要視されているポイントである。特定の方略を用いることが，高次のプランニングや実行スキルの形成や，自己効力感の向上につながっていくものと考えられている。自己調整学習の問題について，方略の般化や方略の獲得プロセスの側面から迫ろうとする際に有用な視点を提供してくれるモデルといってもよいかもしれない。

(4) Winne による自己調整学習の 4 段階モデル

　Winne（2001）は，比較的安定した個人属性である「適性（aptitude）」と，一瞬一瞬の活動の流れに相当する「出来事（event）」の両者によって自己調整学習を説明している。メタ認知の働きによって行動を方向づけ，課題に対する認知的な「方策（tactics）」と「方略（strategy）」の実行を適切に調整することが自己調整学習であると定義している。他のほとんどの自己調整学習に関する理論とは異なり，Winne は，「方略」と「方策」とを区別して概念化を図っている。「方策」とは，IF-THEN 形式のルール（状況 - 行動ルールともいう）として表されるスキーマのことであるが，「……ならば，……せよ」，すなわち，その条件が妥当であれば，特定の行動が実行されることになる。「方略」とは，「方策」のセットを調整するものであり，より高次のレベルの目標にアプローチするための計画やプランとして特徴づけられている。

　Winne のモデルには，4 つの段階が想定されている。第 1 段階は「課題の定義」である。「課題の条件」と「認知的条件」をもとに課題に関する情報を処理し，どの程度の難しさといった課題の定義が行われる。第 2 段階は「目標の設定とプランニング」である。「目標」が活性化されることで，「方策」や「方略」が検索されることになる。「目標」とは Figure 1-3 中の棒グラフ状の部分に示されている「基準」の多面的で多変量的なプロフィールのこと（「基準」で構成されるスキーマに相当）である。「基準」の一例としては，ある課題を解くときに，どのくらいの水準の知識が求められていると考えているか，といったことがあげられる。第 3 段階は「方策と方略の実

行」である。前の段階で計画された「方策」や「方略」が実行され，課題そのものに取り組む段階である。第4段階は「メタ認知の適用」である。これは任意の段階であるが，必要に応じて，状況を調整したり，「方策」や「方略」の再構築を図ったりするというものである（Figure 1-3）。

さらに，すべての段階を通じて「COPES（Conditions, Operations, Products, Evaluations, Standards）」という構造の存在が仮定されている。「条件（Conditions）」には，時間的制約や利用できる資源，社会的文脈などの「課題の条件」と，興味，目標志向，課題に関する知識などの「認知的条件」の両者が含まれ，課題への取り組み方に影響を及ぼすことになる。情報処理のプロセスによって既存の情報が「操作（Operations）」

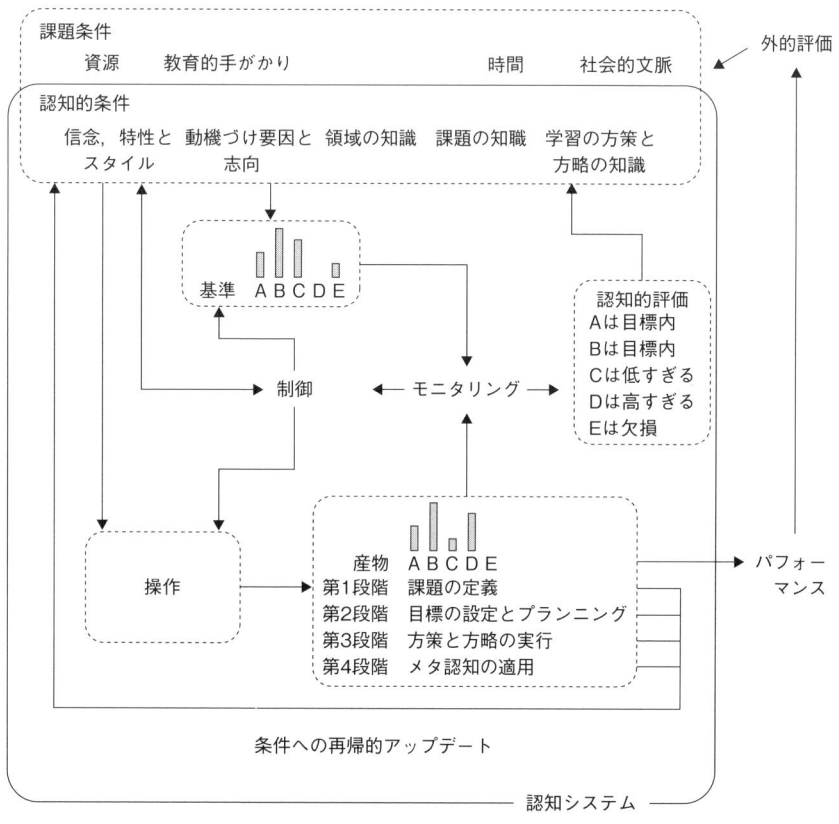

Figure 1-3　Winneによる自己調整学習の4段階モデル
　　　　　（Winne, 2001／中谷（訳），2006をもとに作成）

され，新たな情報が作り出される。これは「産物（Products）」と呼ばれている。「基準（Standards）」は，産物が有すると推測される質のことで，「評価（Evaluations）」は，モニタリングによって作られる産物であり，基準と産物の間の合致を特徴づけるものである。

Winne のモデルでは，「メタ認知的モニタリング」と「メタ認知的制御」が中心的な要素となっており，各段階において基準と産物の間の一致・不一致についてフィードバックが行われる。このフィードバックは次の活動の基盤をなすことになる。

モデルは，再帰的なものと考えられており，前の段階の「産物」が「条件」を更新し，そして，その条件下で次の「操作」が行われることになる。一般的には，自己調整学習のプロセスは1から4までの段階を順に追って進むものと仮定されているが，この順序は厳格なものではなく，時に異なったパターンをとることもありうるとされている。Winne のモデルでは，情報処理の理論をベースに緻密な理論化が行われてきているが，近年では，動機づけにかかわる側面も重視するようにもなってきている。

(5) Boekaerts の適応的学習モデル

Boekaerts のモデル（Boekaerts & Niemivirta, 2000 ; Boekaerts & Corno, 2005）の主な特徴は，特に学習の準備段階に力点があり，目標の設定や目標の追求に至る自己調整の過程を詳細に理論化しようとしている。学習をめざす目標とウェル・ビーイングを保つことをめざす目標の2方向のルートを仮定するものであり，意思の理論（Kuhl & Goschke, 1994）やストレス理論（Lazarus & Folkman, 1984）を参照し，積極的な学習がいかに成立していくかということだけでなく，学習が妨げられていくプロセスについても説明を試みようとしている。

Boekaerts のモデルでは，まず，達成場面なのか，ストレスの多い場面なのか，といった認識がなされる。これは「識別」と呼ばれている。次に，メタ認知的知識や動機づけ信念といった個人的，内的な参照とのかかわりで「解釈」がなされるが，メタ認知的知識が優位であれば，その焦点は課題に向けられ，自己に関するものが優位になれば，「自己」に対して焦点が絞られることになる（Figure 1-4 を参照）。

次に，「評価」には，一次的評価と二次的評価があるとされている。一次的評価では，学習場面が望ましいものであるか否かの評価がなされ，二次的評価においては，状況に対処する上で必要なことが何であり，自分にそのことが可能かどうかの評価がなされる。さらに，次のステップとして，評価を受けて，目標が設定され，そして，実際に目標が追求されていくことになる。ポジティブな評価は，知識やスキルを広げる方向に作用するものであるが，ネガティブな評価は，自我防衛を促すことになる。

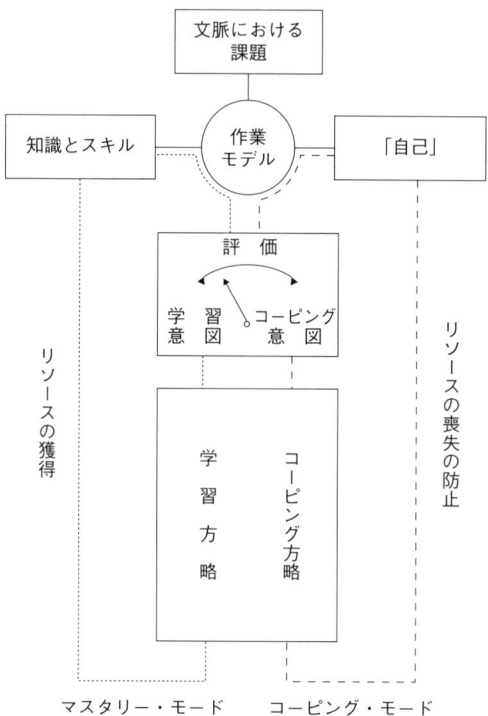

Figure1-4　Boekaertsの適応的学習モデル（Boekaerts & Niemivirta, 2000をもとに作成）

　評価のあり方は，学習する意図を形成し，いわば，学習目標を形成することになる。Figure 1-4 の左側の経路は，マスタリー・モードと呼ばれているが，課題そのものに価値をおくものであり，学習者の注意やエネルギーは，適応的な側面に向けられていく。一方，Figure 1-4 の右側の経路は，コーピング・モードと呼ばれているが，失敗や能力のなさが露呈することへの恐れとかかわるものであり，自己を保持し，自らのウェル・ビーイングを回復させる方向で作用するものである。

　以上のように，Boekaerts のモデルでは，学習場面への適応の問題についても理論の射程に取り込もうとしており，この点が，他の理論とは大きく異なっているところであると考えられる。今後，実証的な検討がさらに求められるモデルであるが，本邦においては，上淵（2004a, 2004b）がこの理論をふまえた検討を試みている。

　以上のモデル，特に Zimmerman, Pintrich, Winne のモデルなどは，実証的な検

討が重ねられてきている。これら以外にも異なる理論的見地から自己調整学習について説明しようとする試みがなされており，以下に，その主なものについてまとめておくことにする。

(6) Corno の意思理論

　Corno（2001）は，意思（volition）の理論（Kuhl & Goschke, 1994 など）に基づいて自己調整学習の説明を行っている。この理論の特徴は，動機づけプロセスと意思プロセスを区別するところにある。Corno によれば，前者は課題を実行しようとする決意を促すプロセスのことをさしており，後者は競合する行為傾向や潜在的に気を散らすような事柄から決意を守ろうとするプロセスのことをさしている。動機づけプロセスは，行為やその決定に先立つものであり，意思プロセスは，事後決定的な自己調整過程として位置づけられている。

　自己調整学習における意思の下位プロセスとしては，次のようなものがあげられている。内面的な過程として「認知のコントロール」「感情のコントロール」「動機づけのコントロール」，外面的な過程として「課題状況のコントロール」「課題状況における他者のコントロール」のカテゴリーである。

　自己調整学習に関する理論の多くが動機づけを重要な要素としてとらえているが，動機づけは常に一定とは限らず，高じたり減じたりするのが実際であり，そこには意思の問題が深くかかわっている。時間的な流れの中での動機づけの変化や自己調整のあり方について，うまく説明することができる理論といえるのかもしれない。

(7) Mace らのオペラント理論によるとらえ方

　Mace, Belfiore, & Hutchinson（2001）は，オペラント条件づけの一般原理をもとにして，自己調整学習について説明を行っている。正の強化と負の強化，（弁別）刺激と反応のあり方といったことが，自己調整においても問題とされる。自己は，内側から自らの行動を導き，制御する働きを司っているとされるが，その個人の行動は，環境の一部でもあるというとらえ方がなされている。環境の一部としての行動が，環境に変更を加えることができ，その結果として，自らの行動の生起率も変動させることができる，といった行動主義的な説明がなされている。

　自己調整には，「自己モニタリング」「自己教示」「自己評価」「自己修正」「自己強化」の下位過程が想定されている。「自己モニタリング」とは，自らの行動についての観察と記録からなる多段階の過程である。「自己教示」とは，強化をもたらす特定の行動や一連の行動のきっかけとなるような弁別刺激を自らに提供することである。「自

己評価」とは，設定された何らかの基準と，自らの行動のある側面とを比較することである。「自己修正」とは，自己評価の結果に基づいて，反応を修正，変更することである。「自己強化」とは，遂行の基準を満たした後に，その反応に従って生じる刺激にふれることであり，次の機会には，そうした基準に沿った反応がさらに生じやすくなっていくというものである。以上のような過程を通じてオペラント行動がいかに強められるかが重要視されている。

(8) McCombs による現象学の視点からの説明

　McCombs（2001）の自己調整学習に関する自己システムの理論は，哲学の現象学に基礎をおいている。学習行動の方向づけにおいて「自己」の現象の優位性を前提とする立場であり，「自己システムの構造」と「自己システムのプロセス（主体としての自己プロセス）」によって自己調整学習のあり方を説明しようとするものである。

　「自己システムの構造」とは，自己の属性について個人的で自己定義的な概念化によって表象されるものであり，Figure 1-5 にあるように，「主体」としての自己や「対象」としての自己といった構造が仮定されている。「自己システムのプロセス（主体としての自己プロセス」には，自己覚知，自己省察，自己評価といった「思考や経験についての思考」に関するメタ認知的ないし高次のプロセスが含まれている。

　目標を設定し，計画を立て，方略を選択し，実行と評価を行う，という他の理論モデルと共通する流れが想定されているが，全般的な自己概念と領域特殊な自己概念，現実自己と理想自己の一致・不一致を問題とするなど，自己そのものをトータルにとらえていこうとするところに特色がある理論である。

(9) McCaslin らによるヴィゴツキー派の見方

　McCaslin & Hickey（2001）は，ヴィゴツキー（Vygotsky, L. S.）の考え方に基づいて自己調整学習を説明している。この立場によれば，言語の機能が大きな意味をもっている。人は発達とともに，言語が自らの行動を方向づけ調整する力を担うようになる。外言が内言に転換していくと考えられているが，習得された言葉の構造が思考の基本構造になるとされている。発達が進むに従って，大人や社会，文化とのやりとりが内化してゆき，精神内対話として自らを制するようになっていく。

　また，McCaslin & Hickey は，共同調整学習のモデルを提示している。ヴィゴツキー派の立場では，人の「活動」は，社会文化的な文脈と分かちがたく結びついており切り離して考えることはできない。教室という文脈の中で，教師と子どもといった成員や学びの機会の間の共同調整が，子どもの自己調整へとつながっていることを理論化

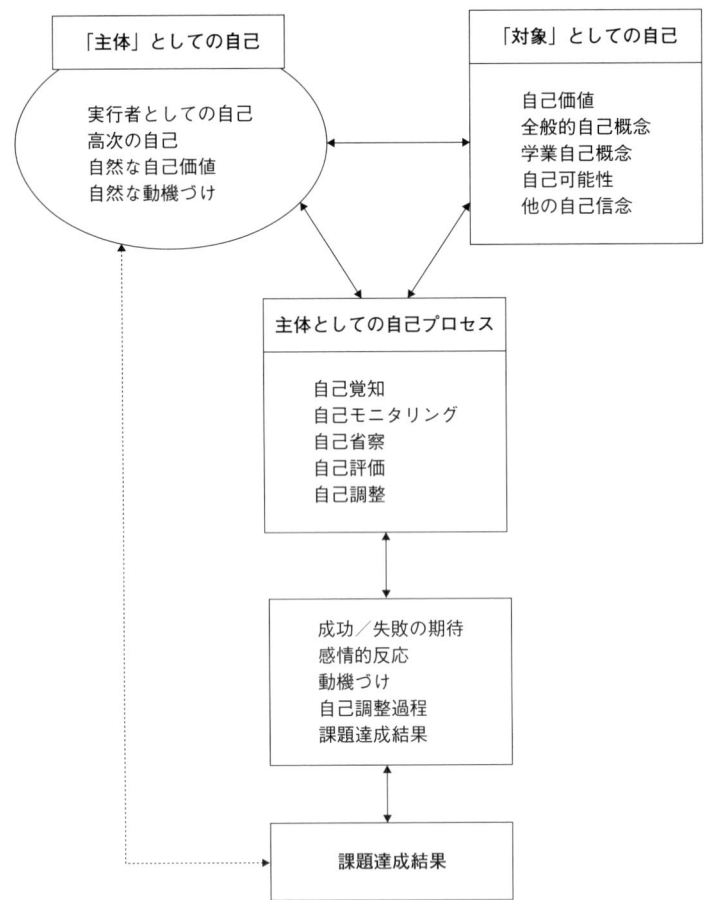

Figure1-5 自己調整学習の自己システムモデル（McCombs, 2001／中西（訳），2006をもとに作成）

しようとしている。

（10）Paris らによる構成主義に基づく説明

　Paris, Byrnes, & Paris（2001）は，構成主義の立場から自己調整学習のとらえ直しをしている。ここでの構成主義とは，ピアジェ（Piaget, J.）やブルーナー（Bruner, J. S.）などの「認知的構成主義」ではなく，1990年代以降に台頭してきた，思考や学習を社会的状況や実践の中に埋め込まれたものとして考える「社会的構成主義」のこと

をさしている。

　Paris *et al.*（2001）は，自己調整学習に関して次のような5つの原則をまとめている。
①学習は，社会的歴史的文脈に埋め込まれており，こうした文脈が思考の内容とプロセスを形作る。
②ある特定のコミュニティのメンバーになろうと努力している新たな参加者は，実践的な活動を通して，そのコミュニティにおける手段や道具，価値，習慣を身につける。
③自己は，個人と周囲の社会的グループによって構築される。
④人は，自分の人生や行為について，個人的な解釈を作り上げる。そこには自己の一貫性や楽観的なものの見方が反映される。
⑤思考や学習は，ふつう，適応的で役に立つものであると考えられるが，非適応的な考えや行為をも導きうる。
　自己調整学習の問題を，自己を含め，文脈や状況の全体性のあり方においてとらえようとするところに大きな特徴がある理論的なアプローチであるといえる。

　以上のように，自己調整学習を説明する理論的な見地には様々なものがみられるが（Table 1-3 参照），本書においては，この数十年の間に特に理論やモデルの進展がみられ，実証的研究による検討が進んでいるとされる社会的認知理論（Puustinen & Pulkkinen, 2001；Zimmerman & Schunk, 2001；Schunk & Zimmerman, 2008 など参照）に依拠して検証を進めていくこととしたい。Zimmerman & Schunk の考え方は，欧米を中心に先導的な理論モデルとなっているというだけでなく，実践への介入モデルとしての有効性や汎用性も高いのではないかと考える。自己調整学習を構成している要素を明確に特定しており，それらの関連やメカニズム，プロセスが明快に説明され，かつ，実証的な知見についてもかなりの蓄積がある。例えば，Figure 1-2 の3段階のプロセスなどは，教育工学や経営などでいわれる Plan-Do-See（PDS）のサイクルに近いものであるが，その成分やメカニズムを心理学的にさらに精緻に掘り下げたものとみることができるだろう。モデルとしてシンプルでありながら，説明力や妥当性が高いと考えられること，実証的根拠に基づきながら，実践のあり方を構想していく可能性を有することなどから，本書においては，社会的認知理論をグランド・セオリーとして想定し，この先の検証を進めていくことにしたい。

Table1-3 自己調整学習に関する理論の概観

研究者	理論的背景	定義の力点	自己調整学習における主たるプロセス
Zimmerman & Schunk	Banduraの社会的認知理論	目標志向プロセス	予見（課題分析，自己動機づけ）／遂行（自己コントロール，自己観察）／自己省察（自己判断，自己反応）
Pintrich	Banduraの社会的認知理論	目標志向プロセス	予見，プランニング，活性化／モニタリング，コントロール／反応，省察
Borkowski et al.	メタ認知理論，情報処理アプローチ	メタ認知的プロセス	課題分析，方略の選択／方略の使用，方略の修正，方略のモニタリング／遂行フィードバック
Winne	情報処理アプローチ，メタ認知理論	メタ認知的プロセス	課題の定義，目標設定，プランニング／方策と方略の適用／メタ認知の適用
Boekaerts	Kuhlの意思の理論，Lazarusのストレス理論	目標志向プロセス	識別，解釈，評価，目標設定／目標の追求／遂行フィードバック
Corno	Kuhlの意思の理論	動機づけと意思のプロセス	認知の制御，感情の制御，動機づけの制御／課題状況の制御，課題状況における他者の制御
Mace et al.	オペラント条件づけの理論	オペラント行動の強化	自己モニタリング，自己教示，自己評価，自己修正，自己強化
McCombs	現象学	自己システムの構造とプロセス	「主体」としての自己や「対象」としての自己といった自己システムの構造／自己覚知，自己評価，自己省察といった自己システムのプロセス
McCaslin & Hickey	ヴィゴツキーの理論	社会文化的文脈	外言から内言へ，共同調整と自己調整
Paris et al.	構成主義の理論	社会的状況と実践	思考や学習の社会的な構成，実践への参加を通じたアイデンティティの構築

第2節 本研究における自己調整学習の概念定義

　本研究においては，以下に示す自己調整学習の概念定義に依拠して検討を進めることにする。Zimmerman（1986, 1989）は，「自己調整」とは，様々な理論的立場からの見方があるが，一般的には，「学習者が，メタ認知，動機づけ，行動において，自

分自身の学習過程に能動的に関与していること」としてとらえられると述べている。この「メタ認知」とは，自己調整学習者が，学習過程の様々な段階で計画を立て，自己モニターし，自己評価をしていることをさしており，「動機づけ」とは，自己調整学習者が，自分自身を，有能さ，自己効力，自律性を有するものとして認知していることを意味し，「行動」については，自己調整学習者が，学習を最適なものにする社会的・物理的環境を自ら選択し，構成し，創造していることをさしている。

　Zimmerman（1989）は，とりわけ，自己調整学習の重要な3要素として，自己調整学習方略，自己効力感，目標への関与をあげている。学業上の目標達成に向け，自己調整学習方略が適用され，その結果，遂行が向上すれば，自己効力感が高まる。そして，その自己効力感が動機づけとなり，さらに知識や技術の獲得をめざして，学習者は，自己調整学習方略を適用しつづけようとすると考えられている。

　とりわけ，この自己調整学習方略は，学習領域の研究において，欧米を中心に注目され盛んに検証が進められるようになってきている。動機づけが学業達成をもたらす上で，学習を方向づけ調整していく方法である自己調整学習方略が特に重要な意味をもっていることが考えられる。学習に対していくらやる気があっても，そのやり方がわからなければ，実際の成績にまでつながりにくいし，またそのことが逆にやる気を低下させてしまうことがありうるだろう。一方，学習方略についても，知識としてもっているだけでは不十分であり，それが実行に移されるためには一定の動機づけが必要となる。両者は，学業達成において互いに相補的で不可欠な役割を担っており，統合的かつ連関的にとらえていく必要がある。これまで，学習方略と動機づけは，それぞれの研究の文脈で独自に検討がなされてきた傾向があるが，自己調整学習はこれらをともに含み込んだ概念であり，この概念に着目することで，より統合的，連関的に学業達成過程を明らかにすることができるものと考えられる。

第3節　本研究で着目する動機づけ関連変数

　自己調整学習の重要な構成要素として動機づけと学習方略が考えられている。両者は，それぞれの研究の文脈で独自に検討がなされてきたところがあるが，ここでは，まず，学習における動機づけ研究の現状についてふれ，本研究で着目する動機づけ関連変数について説明を行うこととする。

　学習に関する動機づけについては，これまで，達成動機づけの研究として，理論的，実証的な検証が様々になされてきた。達成動機づけ研究は，Murray（1938）が心理

発生的な欲求のリストに達成をあげたことに端を発するが，動機論的なアプローチを主とする研究から，近年では認知論的なアプローチを中心にした研究が精力的に進められてきている。

認知の要因を取り込んだ動機づけの理論群は，期待×価値モデルと呼ばれているが，それらの中でも，多領域にわたり取り上げられ実証的検討がなされてきた理論の1つにBandura（1977）の自己効力理論をあげることができるだろう。

Bandura（1977）は，行動変容の過程を包括的に説明するために，人がある事態に対処する際，それをどの程度効果的に処理できると考えているかという認知を重視し，これを自己効力感（self-efficacy）と呼んでいる。これは，一定の結果へ導く行動を自らがうまくやれるかどうかという期待であり，その期待を自ら抱いていることを自覚したときに生じる自信のようなものである。そして，この自己効力感の程度は，その後の遂行行動の最も重要な予測値であることが主張されている。自己効力感は，臨床をはじめ，学業，社会，健康，スポーツなど，あらゆる研究領域において取り上げられ，人間の行動の重要な先行要因であることが明らかとなってきている。自己調整学習研究においても（Schunk & Zimmerman, 1994, 1998；Zimmerman & Schunk, 2001），自己効力感は，重要視されてきた変数の1つであり，本研究においても，中核となる変数の1つとして着目することにする。

自己効力理論では，結果期待とともに自己効力感が「期待」の側面として重視されているが，「価値」の要因については十分に考慮されていない。そのため，価値の要因を含めてとらえたほうがよいとする指摘がある（Maddux, Norton, & Stoltenberg, 1986；藤生，1991）。Maddux et al.（1986）は，行動やその結果得られるものの重要性の判断を「結果価値」と呼んで，これと期待とを組み合わせることで，行動の予測力が高まるとしている。

この点，Eccles, Adler, Futterman, Goff, Kaczala, Meece, & Midgley（1983）によって提示されている達成動機づけの社会的認知期待－価値モデルは，期待と価値の両方が加味されており，有用なモデルといってよいだろう。Figure 1-6 に示すように，「成功への期待」と「課題に対する価値」によって達成行動が規定されると考えられている。本研究においても，このモデルにならい，期待に加えて，もう1つの中核となる動機づけ関連変数として，価値の側面を取り上げることにした。

以上，述べてきた期待や価値の側面は，動機づけを規定する認知要因と考えられる。達成行動や自己調整学習の成立をより統合的に説明していくためには，感情要因についても着目しておく必要があるだろう。Pintrich & De Groot（1990）は，Figure 1-6 の期待－価値モデル（Eccles et al., 1983；Pintrich, 1988, 1989）をふまえ，自己調

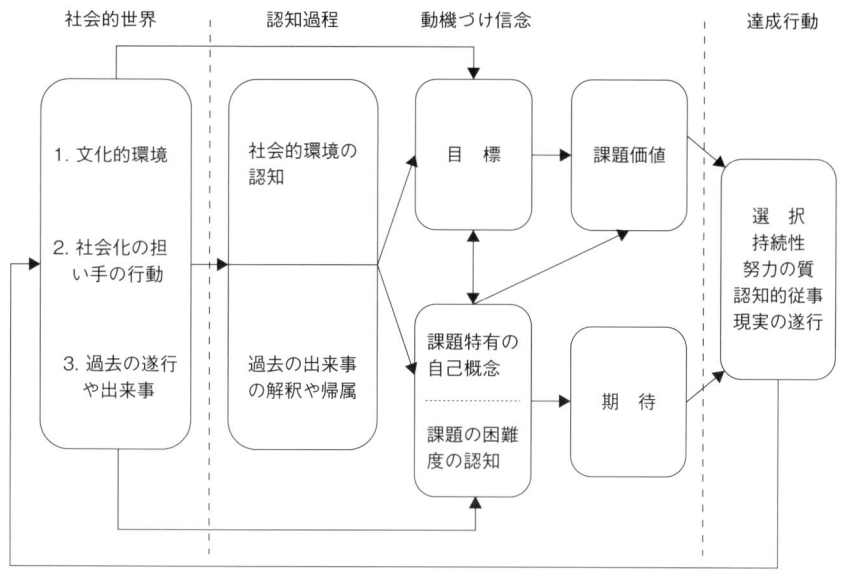

Figure 1-6　Eccles *et al.*（1983）の期待－価値モデル
（Pintrich & Schunk, 1996をもとに作成）

整学習において中核となる動機づけ要因として，自己効力感，内発的価値に加えて，テスト不安を取り上げている。第4節で詳述するが，これまでの動機づけ研究においても，不安は，学業達成過程を説明する重要な感情要因として盛んに検証が重ねられてきた。本研究においても，不安を感情にかかわる動機づけ関連変数として取り上げることにした。Pintrichは，自己調整学習方略との関連について詳細に検討を行っており，それとの比較検証という意味からも，以降では，中核となる認知と感情の両側面の動機づけ関連変数として，自己効力感，内発的価値[2]，不安の3変数に主として着目し検証を進めていくことにする。

第4節　学習方略研究の概観

従来の達成動機づけ研究では，持続性や粘り強さ，遂行成績などを指標とすることが多く，そこに至るプロセス，どのようにして学習を進めていくかという「学習方略」

2）　具体的内容については，本書のp.131以降の「資料」に掲載してある項目を参照のこと。

の側面に十分に焦点をあてて両者の関連についてとらえていくような検討はあまりなされてこなかったところがある。本節では，この「自己調整学習」におけるもう1つの重要な構成要素である「学習方略」について取り上げることにする。

　近年，指摘されるようになってきた学習方略には，類似した概念がいくつか存在する。はじめに概念整理を行い，それらの違いを明確にすることで，自己調整学習方略について定義づけておくこととする。また，学習方略については，研究者によって多様なカテゴリー化が試みられているのが現状であり，それらについても概観しておくことにする。

1．概念整理

　どのように学習を進めていくかという学び方の問題は，教育心理学においては，古くは，「学習習慣」の問題として取り上げられてきた。Table 1-4 の定義にあるように，「学習習慣」では，学習場面において繰り返し自動的にとられる行動であることが強調されている。「学習スキル」も行動面をさすものであるが，「学習習慣」の場合，先行研究であげられている個々の項目をみると，どちらかといえば学習に向かう姿勢に相当するような内容を含んでいる。望ましい学習行動を習慣化させるという視点は重

Table 1-4　類似の概念と学習方略の定義づけ

	定義づけ	研究論文
学習習慣	学習において「具体的な行為に関し，一定目標に向かって，人の実行の意志が自動的に発動するように定式化されたもの」	橋本（1971）
	「学習活動が日常的行動の中で規則正しく反復されていく傾向」	馬場園（1991）
学習スキル	「具体的な行動面の特徴に対応する概念」	北尾（1991）
学習方略	「学習者が情報を符号化したり，課題を遂行したりするのを容易にする組織的な計画のこと」	Weinstein et al.（1988）
	「学習の効果を高めることをめざして意図的に行う心的操作，あるいは活動」	辰野（1997）
学習スタイル	個々の具体的な学習方法から構成される総合的な学習方法である「学習方略」が，場面を超えて一貫して用いられる傾向のことを「学習スタイル」と呼び，これがさらに一般化されたものがパーソナリティになると考えられ，連続的に位置づけられる。	Schmeck（1988）
	「個人の特徴として抽出された学習の類型」	北尾（1991）
	「学習の際に好んで用いられる認知活動，学習活動の様式・方法」	辰野（1997）

要であるが，実際に学習支援を行うにあたっては，より具体的な内容を含む「学習スキル」や「学習方略」に働きかけることのほうが容易であり有効といえるだろう。「学習方略」は，行動面だけでなく認知面をも含み込んだ概念であり，認知心理学の隆盛に伴い，検討されるようになってきたものである。情報処理の効率化に加えて，処理の過程を監視し，方向づけていく自己調整の側面にも目が向けられるようになってきており，「自己調整学習方略」と呼ばれるようになってきている。「学習方略」は状況依存的な性質があるが，場面を超えて特性化されると「学習スタイル」となる。

2. 学習方略のカテゴリーとその問題

　学習方略のカテゴリーには様々なものがあるが，多くの研究が質問紙調査をもとに，因子分析などの統計手法によって，カテゴリー化を試みている。その一方で，研究者が一定の理論的立場に依拠し，演繹的に概念化を図るものがある。インタビューや観察による質的分析からカテゴリーを導き出している研究もいくつかみられる。主たるものについて概観し，Table 1-5 に示した。取り上げられているカテゴリーにはかなりの共通性がみられ，認知的側面を重視したカテゴリーと動機づけ的側面を含めたカテゴリーとに大別することができるだろう。

　Table 1-5 に示すように，先行研究では主に「認知的方略」や「メタ認知的方略」といった認知的側面の自己調整学習方略が取り上げられてきた。「認知的方略」とは，記憶の際にリハーサルを行ったり，理解が進むように情報を体制化したり変換したりすること，すなわち，記憶や思考などの自己の認知過程を調整することで効果的な学習を促す方略のことであり，「メタ認知的方略」とは，学習の計画を立て（プランニング），学習の進み具合をモニターし（自己モニタリング），その結果を自己評価するなど，メタ認知機能を通じた自己調整によって学習の効率化を図る方略のことである。研究によって，カテゴリーの具体的な内容には，若干の違いがみられるが，認知的側面に限ってみれば，「認知的方略」と「メタ認知的方略」に分けてとらえることができるだろう。学習方略研究が，認知心理学の進展による影響を多大に受けていることもあり，従来の研究における分析の中心は，これらの認知的側面であり，学習支援が試みられるにしても，学習過程における認知的側面の自己調整に焦点をあてたものがほとんどであった。このような傾向に対し，自己調整学習方略には，認知的側面だけでなく，学習を効果的に進めていくために自ら動機づけを高めたり維持したりといった「動機づけ的側面」を自己調整する役割を果たすものもあり，そのような観点から検討を行う必要性について指摘がなされている（Corno, 1994; Boekaerts, 1995）。

　Table 1-5 に掲げたように，「動機づけ的側面」を含めたカテゴリーを提起している

Table 1-5　学習方略のカテゴリー

	学習方略のカテゴリー	研究論文
認知的側面を重視したカテゴリー	「認知的方略」「外的リソース方略」「メタ認知的方略」	Corno & Mandinach（1983）
	情報処理，自己プランニング，自己モニタリングを含む学習方略	Ames & Archer（1988）
	「認知的方略」「メタ認知的方略」「リソース管理方略」	Pintrich（1989, 1999），Pintrich et al.（1993）
	「深い処理方略」「表面レベル方略」（説明文の理解）	Nolen（1988）
	「認知的方略」「メタ認知的方略」	Perkins et al.（1990）
	「精緻化方略」「モニタリング方略」（説明文の理解）	Nolen & Haladyna（1990）
	「体制化方略」「イメージ化方略」「反復方略」（英単語学習）	堀野・市川（1997）
	「認知的方略」「メタ認知的方略」	辰野（1997）
	「メタ認知的方略（柔軟的方略，プランニング方略）」「認知・リソース方略（作業方略，人的リソース方略，認知的方略）」	佐藤（1998）
	「精緻化方略」「モニタリング方略」	植木（2002）
	「部分理解方略」「内容学習方略」「理解深化方略」（説明文の理解）	犬塚（2002）
	「ミクロ理解方略」「マクロ理解方略」「要点把握方略」「暗記方略」（社会科の授業およびテスト学習方略）	村山（2003a）
	「拡散学習方略」「マクロ理解方略」「ミクロ理解方略」「暗記方略」（歴史学習）	村山（2003b）
	「推論方略」「自己モニタリング方略」（英文読解）	植木（2004）
	「推測方略」「メタ認知的方略」「発音方略」「体制化方略」（英語）	中山（2005）
	「意味理解方略」「暗記・反復方略」（数学）	市原・新井（2006）
	「モニタリング方略」「体制化方略」「イメージ方略」「反復方略」（英単語学習）	岡田（2007）
動機づけ的側面を含めたカテゴリー	「主要方略（理解・保持，再生・利用）」「支援方略（目標設定と計画作成，注意集中管理，監視と診断）」	Dansereau et al.（1979）
	「リハーサル」「精緻化」「体制化」「理解監視」「情緒的・動機づけ方略」	Weinstein & Mayer（1986）
	「メタ認知的方略」「認知的方略」「情緒的（動機づけ）方略」	McCombs（1988）
	「メタ認知的方略」「認知的方略」「社会的・情意的方略」（外国語（英語）学習）	O'Malley et al.（1988）
	「認知のコントロール」「感情のコントロール」「動機づけのコントロール」「課題状況のコントロール」「課題場面における他者のコントロール」（学校場面における意思コントロール方略）	Corno（1989）
	「個人内の認知」「学習行動」「環境」を調整する14のカテゴリーからなる自己調整学習方略	Zimmerman & Martinez-Pons（1986, 1988, 1990），Purdie et al.（1996），Lan（1996）
	「自己調整（メタ認知的方略・努力調整方略）」「認知的方略」で構成される自己調整学習方略	Pintrich & De Groot（1990），Pintrich et al.（1994）
	「メタ認知的方略」「一般的認知方略」「課題（幾何学）特有方略」「努力調整方略」	Pokay & Blumenfeld（1990）
	「直接方略（記憶方略，認知方略，補償方略）」「間接方略（メタ認知方略，情意方略，社会的方略）」（外国語学習）	Oxford（1990）
	「情報処理」「主なアイデアの選択」「テスト方略」「不安」「態度」「動機づけ」「注意集中」「自己テスト」「勉強の補助」「時間管理」の10の尺度からなるLASSI（学習・勉強方略インベントリー）およびLASSI-HS（高校生版）	Weinstein（1987），Weinstein & Palmer（1990, 2002）
	LASSI-HSの潜在構造として「感情／努力関連活動」「認知的活動」「目標志向活動（不安を喚起する活動）」を検出	Olivárez & Tallent-Runnels（1994）
	「メタ認知スキル」「メタ動機づけスキル（動機づけコントロールと活動コントロール）」「セルフマネジメントスキル（感情コントロール）」で構成される自己調整のスキル	Boekaerts（1995）
	「認知的方略」「メタ認知的方略」「動機づけ」	Bouffard et al.（1995）
	「遂行目標」「外発的報酬」「課題価値」「興味」「熟達目標」「効力感」「認知」「支援探求」「環境」「注意」「意志力」「感情」「他力動機づけ」「その他」の14のカテゴリーからなる動機づけを調整する方略	Wolters（1998）
	「自己効力感の向上」「ストレス低減活動」「否定面に基づく誘因」の学業意思方略	Bembenutty（1999），McCann & Garcia（1999），McCann & Turner（2004）

研究は多いが，そのほとんどが，方略そのものとして，というより認知過程に影響を及ぼす条件として組み込まれていたり，周辺的，補助的な位置づけとして列挙されているだけであったり，例えば，「注意集中」のように限定的なものであったりする。こうした中で，Corno（1989）の研究は，Kuhl（1985）の理論に基づいて，学習の過程を動機づけ過程と意思過程に区分し，学校場面における意思コントロール方略を示しており，注目に値するものであるが，方略のカテゴリー化においては，両者の明確な区分がなされておらず（Wolters, 1998)，また，動機づけのコントロールの下位カテゴリーとして，「報酬の増大」「原因帰属」「自己教示」を示しているが，その他の方略の存在について，検討の余地があるように思われる。Pintrich & De Groot（1990），Pokay & Blumenfeld（1990）の「努力調整方略」についても，方略の動機づけ的側面をとらえるものではあるが，カテゴリー化がなされておらず，尺度の項目内容が表面的で抽象的な表現になっているため，実際に方略の使用を促したり，実践において支援したりする可能性を考慮すると，問題があるものと考えられる。Wolters（1998）は，大学生に調査を行い，動機づけを調整する方略として 14 のカテゴリーを見いだしているが，対象が大学生であることの限界がある。児童期から青年期にかけて自己調整する能力が発達していくことと，義務教育段階での学習不適応への対処の問題を考えると，児童・生徒を対象にした検討が必要といえる。

　以上をふまえ，研究Ⅱでは，中学生を対象にした調査によって，より具体的で広範かつ詳細な項目の収集を行い，動機づけの生成から維持，向上までを含めてとらえる「自己動機づけ方略」尺度の作成を行うこととした。また，認知的側面に重点をおいた自己調整学習方略についても邦訳版を作成し，それぞれ動機づけ関連変数との関係について検討を行い，認知的側面と動機づけ的側面の自己調整学習方略の機能差について明らかにすることで，認知に重きをおいた一面的な理解から脱して，自己調整学習方略の実態をより総合的，統合的にとらえ，実践につなげていくことをめざす。

3. 認知的側面と動機づけ的側面の自己調整学習方略の機能差

　これまでの研究では，学業達成において，自己調整学習方略の使用が直接的な規定因となっており，自己効力感が自己調整学習方略の使用に対して促進的な役割を果たしていることが明らかとなっている。例えば，Zimmerman & Martinez-Pons（1990）は，学年とともに自己効力感が上昇し，学業が優秀な群のほうが自己効力感，自己調整学習方略の使用のレベルが高く，自己効力感が自己調整学習方略の使用と関連していることを示している。Pintrich & De Groot（1990）は，自己効力感が自己調整学習方略（メタ認知的方略・努力調整方略と認知的方略からなる）の使用と結びついて

おり，自己調整学習方略が学業遂行に対してより直接的な影響を及ぼしていることを明らかにしている。Pokay & Blumenfeld（1990）は，学期のはじめは，科目についての価値の認識と成功への期待（自己効力感に相当）が，メタ認知的方略，一般的認知方略，課題（彼らの研究では幾何学）特有方略，努力調整方略の使用を予測し，そして，課題特有方略と努力調整方略の使用が試験の成績を規定していること，学期の後半では，メタ認知的方略が成績を規定していることをパス解析によって検証している。

このように自己効力感→自己調整学習方略の使用→学業遂行の過程が実証されてきたといえるが，先にもふれたように，多くの研究では，記憶や思考にかかわる認知的方略やメタ認知的方略のように，学習過程における認知的側面の自己調整に焦点をあてて尺度構成がなされ，因果関係についての分析が行われてきた。研究Ⅲ，Ⅳでは，動機づけ的側面の自己調整学習方略にも着目し，両者が学業達成においてどのような働きをしているのかを明らかにすることにした。先行研究では，学業遂行の指標として学業成績がよく用いられているが，これは認知的側面の自己調整学習方略が，認知活動自体を効率化するものであるため，知識や理解を深めることで，学業成績をより直接的に規定していることが考えられるからである。一方，動機づけ的側面の自己調整学習方略の場合，学習に向かおうとする動機づけを調整するものであるため，学習への粘り強い取り組みを促し，その結果として，学業成績が向上していることが考えられる。研究Ⅲでは，動機づけ的側面の自己調整学習方略の特徴を明らかにすることを目的とするため，まずは，学習への取り組みの粘り強さを指標として取り上げて，認知的側面の自己調整学習方略との予測力の違いを検討することにした。認知的側面よりも動機づけ的側面の自己調整学習方略のほうが，学習の持続性に強い影響を及ぼしていることが予想される。

さらに，研究Ⅲでは，認知的側面と動機づけ的側面の自己調整学習方略の機能の違いをより明確にするため，もう1つの先行変数として，自己効力感に加えて，学習における不安を取り上げることにした。学業場面において，不安は，Sarason et al. の研究（Sarason & Mandler, 1952；Mandler & Sarason, 1952）に端を発するテスト不安を中心にして盛んに検討がなされてきた（Hill & Wigfield, 1984 など）が，最近では，数学や理科などの特定の教科に対する固有の不安に焦点をあてた研究もなされてきている。

テスト不安研究では，テスト不安が低い人に比べて高い人が，学習習慣に問題があり，効果的な学習方法を用いていないために学業成績もよくないとする指摘（Culler & Holahan, 1980；Benjamin, McKeachie, Lin, & Holinger, 1981）がみられる一方で，テスト不安と自己調整学習方略の使用との間に何ら関連が認められないとする結

果（Pintrich & De Groot, 1990；塩見・駒井, 1995；塩見・矢田・中田, 1997）もみられる。数学不安に着目した研究（Meece, Wigfield, & Eccles, 1990）では，数学不安と自己効力感が負の関係にあり，数学不安は成績を直接規定せず，自己効力感のほうが成績を予測することが示されている。ただし，この研究では自己調整学習方略は検討されていない。理科における学習意欲を検討した研究（塩見・駒井, 1995）では，理科不安と自己効力感が負の関係にあり，理科不安と自己調整学習方略の間に負の相関がみられることが示されている。

Bandura（1997）もレビューしているように，自己効力感と不安の間には負の関係があり，自己効力感は，達成行動の強い予測因であることがわかっている。しかし，不安と認知的側面の自己調整学習方略との関係については，一貫した結果が得られていない。概して，不安は，学業達成において，促進的な影響を与えるというよりも，何ら影響を与えないか，むしろ抑制的な影響を及ぼすことを指摘する研究が多くみうけられる。

これらに対して，テスト不安のプロセスを心理的ストレス理論の枠組みから検証しようとする研究がある。ストレス研究では，テスト不安の高い人が，特定のストレス・コーピングを用いていることが明らかとなっている。例えば，大学生のテスト不安が，回避・逃避，立ち向かうこと，といった情動中心対処により助長されていること（Blankstein, Flett, & Watson, 1992），高校生のテスト不安が，回避的な対処に規定されること（Zeidner, 1996），テスト不安特性の高い生徒は，低い生徒に比べて「勉強する」「気晴らしをする」などの積極的なコーピングを多く行うこと（三浦・嶋田・坂野, 1997）が明らかになっている。三浦らは，2週間前から中間考査の1週間後にわたり継時的な検討を行っており，テスト不安の高い生徒は，中間考査に対する脅威感が強い一方で，どうにかしようといった前向きな考え方も強く抱く傾向にあり，中間考査に対する意識が高いことを示している。

以上のように，テスト不安の高い人は，回避的な対処だけでなく積極的な対処も多く用いる傾向にあることが明らかになっている。したがって，不安が高いものは，何らかの動機づけ的側面の自己調整学習方略をよく用いている可能性が推測される。

不安と認知的側面の自己調整学習方略との関係は先行研究からははっきりしないところがあるが，研究Ⅲでは，テスト不安というよりも，定期試験ないしその直前の期間にかからない平常時の学習における不安感を取り上げることで，不安感→自己調整学習方略の使用→学習の持続性の過程が検証できるのではないかと考えた。なぜなら，一般に，テスト場面での不安は，達成に阻害的な働きをもつとされているが，試験以前の平常の時期に学習一般に関して抱く不安感をみた場合，このような不安感の高さ

は，自己の認知的側面や動機づけ的側面の調整を図る自己調整学習方略の使用を促し，その結果として，学習への粘り強い取り組みをもたらす可能性が考えられるからである。いわば，促進不安としての働きがみられるのではないかと考えられる。このことは，継時的な検討を行った三浦ら（1997）の研究における不安の高いものが試験に対し前向きな考えをもっているとする報告からも推測できる。

研究Ⅲでは，以上述べたような自己効力感および学習時の不安感→自己調整学習方略の使用→学習の持続性の因果モデルについて検討を加えることで，2つの側面の自己調整学習方略の機能の違いを明らかにすることを第1の目的とした。

これらの検証を経た上で，研究Ⅳでは，さらに，達成結果にかかわる変数として思考力についても取り上げ，自己調整学習方略の機能差に関する傍証を得ることにする。持続性を指標とした場合，動機づけ的側面の自己調整学習方略の機能が顕著になることが予測されるが，思考力のような認知活動そのものといえる学力の側面を取り上げた場合は，認知的側面の自己調整学習方略の規定力が明確になるのではないかと考えられる。こうした2つの側面の自己調整学習方略の機能差についてさらに明らかにすることを第2の目的として，自律的動機づけ[3]→自己調整学習方略の使用→思考力の因果モデルについても検討を行うことにした。

思考力を分析の対象とすることには，教育実践においても大きな意義があるものと思われる。近年の学力に関する国際比較調査や全国学力調査などでは，日本の子どもたちの思考力の問題が指摘されるようになっている。このような現状を受け，新しい学習指導要領においても，知識・技能を活用して問題解決を図る活用型の学力を育むことの重要性が強調されるようになってきている。活用型の学力を支えている思考力のような側面が，自己調整学習方略や動機づけによっていかに規定されているかについて実証的に明らかにしておくことは，研究上の要請としてのみならず，教育目標や教育実践の観点からも意義のあることだと考えられる。

第2の因果モデルでは，動機づけが自律的であるか否かを先行要因として位置づけ，認知的側面としては，浅い処理と深い処理を伴うような自己調整学習方略をそれぞれ取り上げて，さらに検証を深めることとしたい。認知的側面の自己調整学習方略の中でも，とりわけ，深い処理に基づく学習方略が思考力と強い関連を示すことが予測される。

---

3) 速水・田畑・吉田（1996），Ryan & Deci（2000）による外的動機づけから内発的動機づけに至る連続性を想定している自己決定理論に基づくものである。内発的動機づけを含んでいる点で，内発的価値といくぶん近い関係にあると考えられる。自律的動機づけを動機づけそのものととらえるならば，結果にかかわる変数として位置づけるべきかもしれないが，ここでは機能差を明らかにすることを目的としたため，先行要因として位置づけることにした。

第5節　自己調整学習と発達の問題

　自己調整学習方略に関する構造と機能をとらえた上で，次に求められるのは，実践場面において自己調整学習方略に働きかけて学習支援を試みることであろうが，その際，どのような対象にどのような働きかけを行うべきかについて検討を進める必要がある。そのために，どの学年でどの程度の学習方略が獲得されているのかという発達の様相について明らかにしておく必要があるだろう。しかし，自己調整学習方略についての研究は，中学生以上を対象としたものがほとんどであり，発達の視点から検討を行ったものは，あまりみあたらないのが現状である（例えば，中学生を対象としたものに，Nolen, 1988；Pintrich, Roeser, & DeGroot, 1994；谷島・新井，1996；高校生を対象としたものに，堀野・市川，1997；Pokay & Blumenfeld, 1990；Purdie, Hattie, & Douglas, 1996；Zimmerman & Martinez-Pons, 1988；大学生を対象としたものに，Bouffard, Boisvert, Vezeau, & Larouche, 1995；Pintrich, Smith, Garcia, & McKeachie, 1993；Ridley, Schutz, Glanz, & Weinstein, 1992；大学院生を対象としたものに，Lan, 1996，など）。

　Zimmerman（1989）は，自己調整する能力（capacity）は，学習と発達に依存するものと考えられると述べており，Zimmerman & Martinez-Pons（1990）では，学年差の検討を行っている。しかし，いくつかの学習方略については，はっきりとした発達傾向は認められず，今後の検討の余地があるとしている。また，Zimmerman & Martinez-Pons（1990）においては，5，8，11年生が対象とされているが，もっぱら学年間の相対的な比較による分析がなされており，そもそも小学校段階の子どもにおいて，どの程度，自己調整学習方略に関する知識があるのか，それらが，どの程度，利用されているのかについては調べられていない。メタ認知の観点からみれば，児童期後期は，学習において自律性が増しはじめる時期であり，教育実践上，この時期の子どもたちの学習方略に働きかけを行い，自己調整学習の形成・発展を促していくことが求められるが，そのためには，本来，この学齢の子どもがどのような学習方略に関する知識をもち合わせており，それをどのように実行しているのか，また，それらが動機づけ関連変数とどのようにかかわっているのかについて明らかにしておく必要があるだろう。

　さらに，より効果的な学習方略支援の方策を考えていく上で，長期的な変化の様相とその獲得の過程についてもおさえておく必要があるだろう。学年を経るにつれて，

自己調整学習方略を含めて，広く学習方略の内容にどのような変化がみられるのかについて明らかにしておく必要があり，また，初等教育から中等教育へと段階を経るにつれて，親や教師，友人など様々なリソースから様々な方法で学習方略を獲得しているものと推測され，その実態をとらえておく必要もある。学習方略支援は，こうした多様なリソースの1つに含められることになるが，外側から獲得を支援したほうがよい学習方略と，自ら獲得すべき学習方略には，それぞれどのようなものがあり，その機能には違いがみられるのかどうかについても明らかにしておく必要があるだろう。加えて，長期にわたり学習経験を重ねることで学習方略が洗練されていくことが考えられ，それに動機づけがどのようにかかわっているかについても明らかにしておく必要がある。これまで，このような学習方略の獲得の過程に迫ろうとする研究はほとんどなかったため，研究ⅤからⅦでは，その実態を把握し，教育実践上の支援へとつなげていくために，自由記述を中心とした調査を計画することにした。

第6節　自己調整学習に関する実践的研究

　自己調整学習は，きわめて実践的な概念であると考えられ，この概念に基づき，現実の教育場面において，自己調整学習方略の獲得を促し，動機づけにつなげていくことで，学業達成へと導いていくような学習支援を実際に試みる必要がある。これまで，自己調整学習方略に働きかけを試みた実践的研究はそれほど多くはなく，特に児童を対象にし，動機づけ的側面の自己調整学習方略に着目した支援の試みは，ほとんどみあたらない。

　以下，数少ないがこの範疇に含めうる研究について取り上げて，検討を加えておくことにする。まず，Broden, Hall, & Mitts（1971）の注意集中訓練をあげることができるだろう。そこでは，歴史の時間に注意の集中ができない中学2年生が対象とされ，自分が注意を集中できた時間の長さを記録させるため，注意を集中していたときには「プラス」を，注意を集中していなかったときには「マイナス」を，気づいたときにいつでも紙に記入するよう指示がなされた。その結果，自分で自分の行動を記録し，強化を与えているときに，注意集中の時間がかなり増加することが示されている。しかし，これは注意集中という限定的な側面であり，方略の内容も対症療法的なもので，学習場面全般において恒常的に利用できるものではないという問題がある。中学生を対象としたシングルケース研究という限界もあるだろう。

　McCombs（1982）は，空軍の訓練生を対象にした学習スキル改善プログラムにお

いて，動機づけスキルトレーニングを行い，その効果を明らかにしている。トレーニングは，導入，価値の明確化，進路開発，目標設定，ストレス管理，効果的なコミュニケーション，問題解決で構成され，5日間にわたり行われた。その結果，トレーニングに参加した群のほうが，事後テストの成績がよく，トレーニングの有効性を感じていた。これは，動機づけスキルに着目した先駆的でユニークな実践的研究であるが，学校教育場面に適用できるのかどうか検討が必要であり，また，訓練内容には，メタ認知的方略も混在しており，動機づけ的側面の自己調整学習方略にさらに焦点をあてた検討も必要であろう。

　Klein & Freitag（1992）は，大学生を対象に，教材についての関連性・重要性の認識を高める方略，すなわち，自己動機づけ方略の訓練を行っている。その結果，訓練群の学生のほうが，より多くの関連づけ方略を作り出し，また，高い動機づけを示すことを明らかにしている。しかし，この研究も，方略が限定的であること，大学生のみを対象としていることが問題点としてあげられるだろう。

　本邦の研究に目を転じると，鈴木（1993）が，学習意欲の問題を大学生に講義するために，ケラー（Keller, J. M.）のARCS動機づけモデルをもとにして，学習者が自らの学習に意欲をもつ工夫について具体的な事例をまとめている。これは教育工学領域の研究であり，実践に直結したものではあるが，実証的な検討が求められよう。

　自己調整学習方略の獲得を促すことを主たる目的としたものではないが，小堀・上淵（2001）の研究では，小学6年生の女児を対象に，シングルケース実験法によって，情動のモニタリング操作が学習に及ぼす影響について検討がなされている。学習前後における情動の覚知，学習行動の予測と評価からなるセルフモニタリング記録，感情日誌とによって，学習に集中できない子どもに介入を行い，結果として，情動制御のスムーズさと情動制御レパートリー数に変化がみられ，学習行動の予測と評価が正確になっていくことが示唆されている。この研究は，自己調整学習が成立しはじめる児童期を対象にしたものであるが，シングルケースという限界があり，動機づけとの結びつきについての検討が必要だろう。

　以上をふまえ，研究ⅧからⅩでは，教育実践への示唆という観点から，学校教育場面において，複数の児童を対象にして群設定を行い，動機づけ的側面の自己調整学習方略の獲得を促す働きかけの効果について検証を試みる。また，限定的なものとならないように，事前の調査に基づいて，学習上有効とされる動機づけ的側面の自己調整学習方略を取り上げ，それらの学習方略の獲得を促すよう支援の計画を策定することとした。単なる方略の使用にとどまらず，動機づけへとつなげていくことで，自己調整学習の形成に寄与しうる学習方略支援のあり方を明らかにすることをめざした。

第7節　本研究の意義

　本研究の意義と独自性についてまとめると，次のようになる。まず第1に，認知的側面に加えて動機づけ的側面の自己調整学習方略に焦点をあてて動機づけ関連変数および動機づけとの因果関係に関する検証を行い，両者の機能差について明らかにしようとする点があげられる。これまでの研究では，認知的側面の自己調整学習方略を中心に検討が進められてきた。自己調整学習方略における認知的側面の自己調整だけでなく動機づけ的側面の自己調整に関する構造を明らかにし，しかも，自己効力感や不安という認知要因と感情要因の動機づけ関連変数とのかかわりから，それらの機能を解明することによって，自己調整学習の成立過程における自己調整学習方略の役割について詳細に，また統合的に理解することが可能となる。両側面の自己調整学習方略の構造と機能の解明は，学習上の問題に方略の観点からアプローチしたり学習方略の獲得を促したりする学習方略支援において，有用かつ有効な視点や根拠を提供することになる。
　第2に，発達の視点から学習方略がどのように獲得されていくのかについて明らかにしようとする点があげられる。このような観点からの検証は先行研究ではほとんどなされておらず，学習方略が自律的になっていく長期的な変化の様相とその獲得の過程を明らかにすることで，どのような学校段階においてどのようなリソースを通じてどのように学習者に働きかけていけばよいかといった実践的知見を得ることができるだろう。
　第3には，上述の2点をふまえて，実際に自己調整学習方略の獲得を促す学習支援を試みようとする点があげられる。本研究の特色は，特に，学習の自律性が増しはじめると考えられる児童期後期の子どもを対象とすることと，動機づけ的側面の自己調整学習方略に働きかけようとすることにある。そのような試みはこれまでになく，自己調整学習方略の獲得と動機づけの向上によって自己調整学習の形成・発展に寄与しうる効果的な実践のあり方について解明することが期待できるであろう。
　本研究で中心的に取り扱う変数と，それらの相互の関係を概念図にまとめておくと，Figure 1-7のようになる。

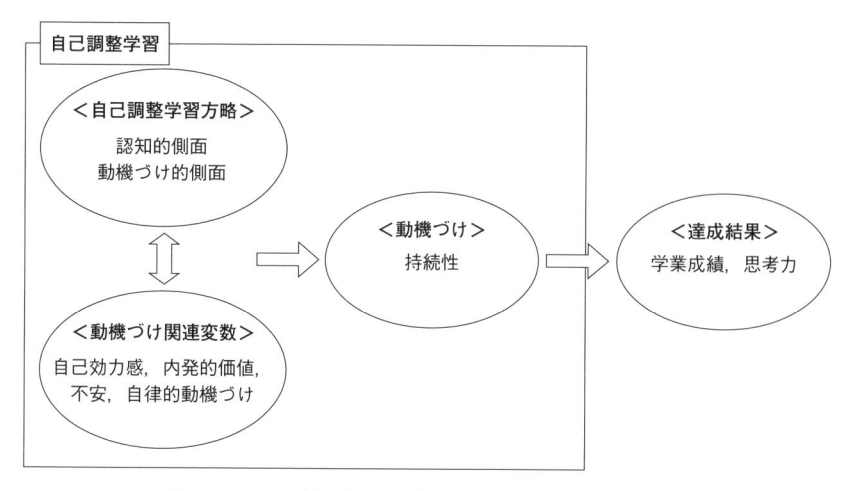

Figure 1-7　本研究で取り扱う主な変数間の関係の概念図

第8節　本研究の目的と構成

　これまで述べてきた自己調整学習研究に関する問題についてまとめると，以下のようになる。

①本邦において，認知的側面の自己調整学習方略と動機づけ関連変数との関係について確認する必要がある。
②義務教育段階の子どもを対象とし，動機づけ的側面の自己調整学習方略の尺度を作成し，動機づけ関連変数および動機づけとの関係について明らかにする必要がある。
③認知的側面と動機づけ的側面の自己調整学習方略と動機づけ関連変数および動機づけとの因果関係について検証し，自己調整学習方略の機能差について明らかにする必要がある。
④メタ認知の観点から，児童期後期の段階で，どのような学習方略に関する知識をもち合わせ実行しているのか，それらが動機づけ関連変数とどのようにかかわっているのかについて明らかにする必要がある。
⑤効果的な学習方略支援の方策を考えていくために，長期的な変化の様相とその獲

得の過程について調べ，動機づけがどのようにかかわっているか明らかにする必要がある。

⑥学校教育場面において，児童を対象とし，動機づけ的側面の自己調整学習方略の獲得を促進する支援を試み，実証的な検討を行う必要がある。

これらの課題の解決に向け，具体的には，研究Ⅰでは，認知的側面の自己調整学習方略の邦訳版を作成し，自己効力感，内発的価値との関係について明らかにする。研究Ⅱにおいては，動機づけ的側面の自己調整学習方略尺度の作成を行い，概念的妥当性の検討を行う。これらの尺度を用い，研究Ⅲでは，自己効力感および学習時の不安感→認知的側面と動機づけ的側面の自己調整学習方略の使用→学習の持続性の因果関係を検証し，自己調整学習方略の機能差を明らかにする。研究Ⅳにおいては，達成結果に関する変数として思考力を取り上げ，自律的動機づけ→自己調整学習方略の使用→思考力の因果モデルをもとに自己調整学習方略の機能差についてさらに検証を深める。

次に，発達の観点から，研究Ⅴでは，児童期後期の子どもが，どのような学習方略に関する知識をもち合わせており実行しているのか，それらが自己効力感，内発的価値とどのようにかかわっているのかについて調査する。また，メタ認知的知識がどのように関係しているのかについても検討を行う。研究Ⅵにおいては，長期的な視点から，どのような学習方略を，どの時期に，どのようなリソースから，どのような方法で獲得したのかについて調査を行う。研究Ⅶでは，さらに，自己調整学習方略の獲得に動機づけがどのようにかかわっているのかについて明らかにする。

これらの研究結果をふまえて，最終的には，教育実践場面において，動機づけ的側面の自己調整学習方略の獲得を促し，動機づけにつなげていくことで，学業達成へと導く学習方略支援を試みる。研究Ⅷから研究Ⅹまでの各研究の目的については，第4章において詳述するが，研究Ⅷでは，ワークシートによる学習活動の振り返りによって自己調整学習方略の使用を促す働きかけを行い，研究Ⅸでは，方略の自己選択の機会と動機づけのタイプを考慮することで，個に応じた自己調整学習方略の使用を促す働きかけを試みる。研究Ⅹにおいては，授業場面において，振り返りシートを導入し，自己評価に加えて，自己調整学習方略の使用を促す働きかけを行い，その相乗的な効果について検証を行う。

以上，本書の構成を図示すると，Figure 1-8のようになる。

第 1 章　自己調整学習研究の問題点

```
┌─────────────────────────────────┐
│  第1章　自己調整学習研究に関する問題の指摘  │
└─────────────────────────────────┘
```

第2章　学習方略と動機づけとの関係の検討

- 研究Ⅰ　認知的側面の自己調整学習方略の検討
- 研究Ⅱ　動機づけ的側面の自己調整学習方略の検討
- 研究Ⅲ・Ⅳ　認知的側面および動機づけ的側面の自己調整学習方略に関する因果関係と機能差の検証

第3章　自己調整学習の発達的検討

- メタ認知
- 研究Ⅴ：メタ認知の発達と自己調整学習方略
- 【児童期】⇒【青年期】
- 研究Ⅵ：学習方略を獲得した時期，リソース，様式
- 研究Ⅶ：自己調整学習方略の獲得と動機づけ

第4章　自己調整学習の育成を支援する試み

- 研究Ⅷ　学習活動の振り返りによる自己調整学習方略の使用を促す働きかけ
- 研究Ⅸ　個に応じた自己調整学習方略の使用を促す働きかけ
- 研究Ⅹ　授業場面における自己評価および自己調整学習方略の使用を促す働きかけ

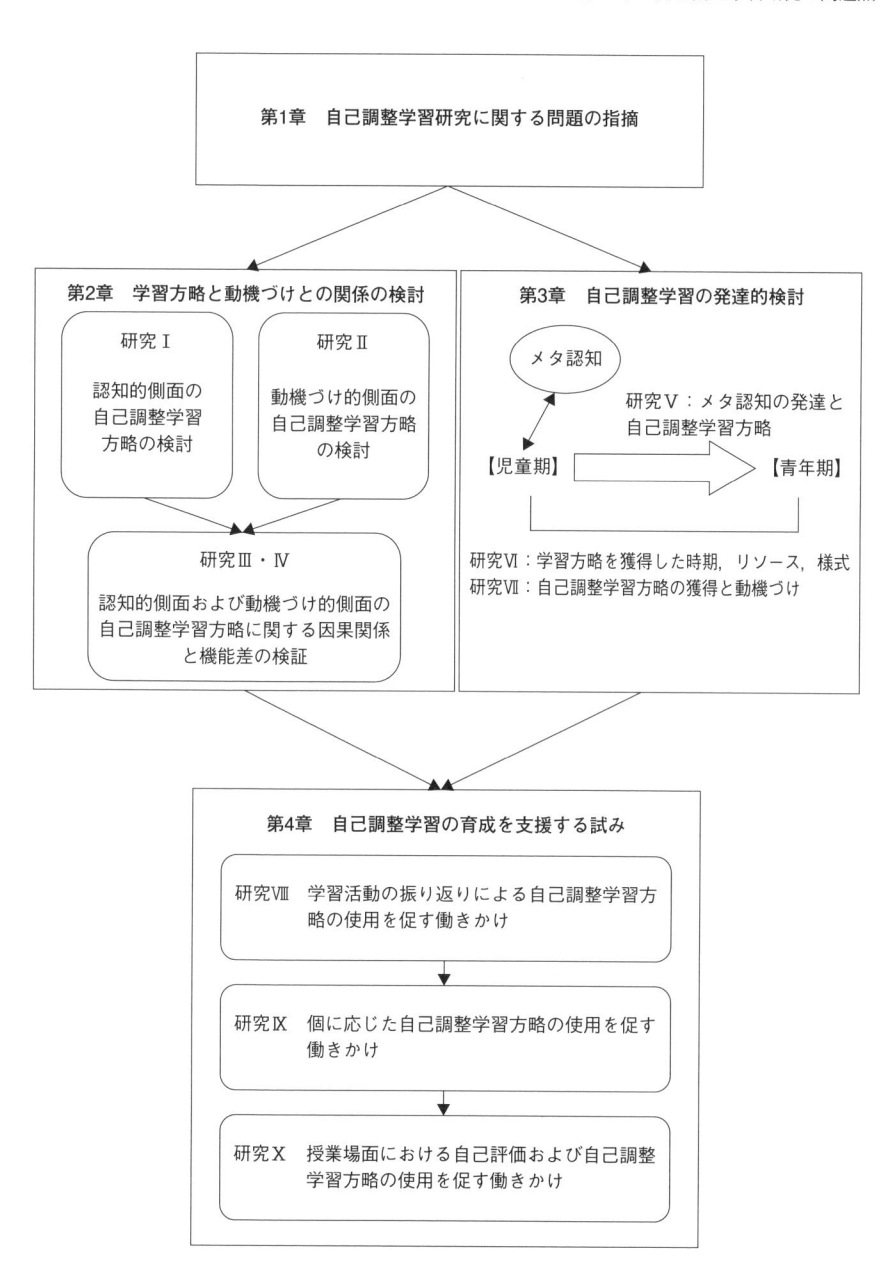

Figure 1-8　本書の構成

第 2 章

学業達成における自己調整学習
——学習方略と動機づけとの関連——

　第1章で指摘した問題をふまえ，認知的側面および動機づけ的側面の自己調整学習方略の尺度を作成し，動機づけ関連変数および動機づけとの関係について明らかにする。

▍第1節　認知的側面の自己調整学習方略と動機づけ関連変数との関係（研究Ⅰ）

　Pintrich & De Groot（1990）は，期待‐価値モデル（Eccles et al., 1983; Pintrich, 1988, 1989）に基づいて，動機づけ関連変数として，自己効力感，内発的価値を取り上げ，自己調整学習方略との関係について検討している。7年生を対象に理科と英語について調査を行ったところ，自己効力感，内発的価値と自己調整学習方略との間にそれぞれ有意な正の相関がみられることが明らかとなっている。ここでは，認知的側面に重点をおいた尺度として，Pintrich & De Groot（1990）の自己調整学習方略尺度を取り上げることとし，その邦訳版を作成の上，自己効力感，内発的価値と同様の関係がみられるかどうか調べることにした。

　ところで，Pintrich & De Groot（1990）は，自己効力感，自己調整学習方略に関して性差についての検討を行い，自己調整学習方略については差は認められないが，自己効力感については男子のほうが高いことを明らかにしている。Zimmerman & Martinez-Pons（1990）の研究では，言語と数学に関する自己効力感について検討が

なされた結果,言語の自己効力感にのみ性差がみられ,男子のほうが高い結果となっている。そして,このような結果について,従来指摘されてきた,女子は言語能力が高く男子は数学能力が高いとする性差(例えば,Maccoby & Jacklin, 1974)を反映するものではなく,検討の余地があるとしている。逆に,自己調整学習方略に関しては,女子のほうがモニタリングや目標設定,プランニングをよく使用しているという結果となっている。一方,Pokay & Blumenfeld (1990)は,数学で,女子より男子のほうが高い期待,自己概念を示すことを支持している。また,同研究では,学習方略に関しては,いくつかのタイプの方略で,女子のほうが高い結果となっている。このように自己効力感,自己調整学習方略の性差に一貫した結果が認められないことから,研究Ⅰにおいても,尺度の検討の際,性差についても検討する。

◆ 方　法 ◆

調査対象と手続き

　神戸市内の公立中学校の1年生251名(男子137名,女子113名)[1]を対象とした。調査は,1994年12月下旬に,国語担当教師によって学級ごとの集団で実施された。

調査内容

(1) 自己調整学習方略

　Pintrich & De Groot (1990)の尺度22項目を日本語に訳した。心理学専攻の大学院生2名に自己調整学習方略を測定するものとして表現および内容がふさわしいかどうか確認を得た。また,この尺度は,一般的なレベルで自己調整学習方略をとらえるものであるが,国語においても適用が可能かどうかについて,現場の教師2名の確認を得た。各項目について「まったくあてはまらない」(1点)から「とてもよくあてはまる」(6点)までの6件法で評定を求めた。

(2) 自己効力感,内発的価値

　Pintrich & De Groot (1990)の自己効力感尺度8項目,内発的価値尺度9項目を日本語に訳した。自己調整学習方略尺度と同様の手続きで表現上の検討を行った。項目の回答形式は,自己調整学習方略尺度と同様の6件法によった。得点化についても同様である。

---

1)　1名は性別についての記載がなかった。

Table 2-1 自己調整学習方略の因子分析結果（Varimax 回転後の因子パターン）

項　目	I	II	III	IV	V	h^2
I　一般的認知（理解・想起）方略						
・たとえわからなくても，先生の言っていることをいつも理解しようとする	.70					.62
・私はテストのための勉強をするとき，できるだけ多くのことを思い出そうとする	.62					.51
・私は，宿題をするとき，きちんと問題に答えられるように，授業で先生が言ったことを思い出そうとする	.57					.45
・私は，テストのための勉強をするとき，授業や本から手がかりを集めようとする	.55					.44
・私は，勉強をするとき，大事な難しい言葉を，自分の言葉におきかえる	.32					.22
II　復習・まとめ方略						
・私は，する必要がなくても，練習問題をする		.57				.34
・私は，勉強をしているとき，習ったことを思い出せるよう，もう1度，ノートをまとめなおす		.54				.37
・テストのための勉強をするとき，何度も何度も大切なことがらを思い浮かべて復習する	.40	.51				.54
・勉強する内容が退屈でおもしろくなくても，終わりまでやり続ける	.40	.50				.43
・私は，理解できるように，それぞれ習ったことの要点をまとめる		.49	.44			.56
III　リハーサル方略						
・勉強内容を読むとき，おぼえられるように，繰り返し心の中で考える		.33	.63			.67
・読んでいるとき，1度，中断して，読んだことを繰り返してみる			.58			.43
IV　注意集中方略						
・私は，授業中，教科書を読んでいるとき，何のことが書かれていたのかわからないことがよくある（＊）				.67		.47
・教科書を読むとき，その中で最も大切なことが何であるかを読みとることは，私には，難しい（＊）				.53		.40
・問題が難しいとき，あきらめるか，かんたんなところだけをする（＊）				.45		.28
・先生がしゃべっているとき，他のことを考えて，実際に言っていることを聞いていないということがある（＊）				.39		.25
V　関係づけ方略						
・何かを読んでいるとき，読んでいることと，自分がすでに知っていることを関係づけようとする					.56	.38
・新しい課題をするのに，以前に学んだことを生かす					.53	.43
寄与率（%）	27.6	5.7	3.9	3.5	2.6	43.2

因子負荷量は .32 以上を掲載した。（＊）は逆転項目を示し，分析前に反転した。

◆ 結果と考察 ◆

尺度の構成

　自己調整学習方略尺度については，Pintrich & De Groot（1990）の因子分析結果を参考に2因子での解釈を試みたが，そのような因子は抽出されなかったため，主因子法による因子分析の結果，固有値1以上という基準から5因子を推定し，Varimax回転を施した。複数の因子にやや高い負荷を示す3項目と，どの因子にも低い負荷しか示さない1項目を除いて，18項目を抽出し，さらにVarimax回転を施したところ，Table 2-1に示すような因子負荷量となった。この5因子を下位尺度とし，第1因子「一般的認知（理解・想起）方略」，第2因子「復習・まとめ方略」，第3因子「リハーサル方略」，第4因子「注意集中方略」，第5因子「関係づけ方略」と命名した。第4因子については，いずれも逆転項目であるが，Pintrich & De Groot（1990）の解釈に従い，課題や学習への積極的な取り組みを促すような方略であると考え「注意集中方略」とした。各下位尺度について，信頼性係数（Cronbachのα）を求めたところ，一般的認知（理解・想起）方略が.77（5項目），復習・まとめ方略が.76（5項目），リハーサル方略が.62（2項目），注意集中方略が.58（4項目），関係づけ方略が.57（2項目）であった[2]。各下位尺度に属する各項目の識別力を検討するため，各下位尺度内で各項目の得点とその項目以外の全項目の得点との相関係数（I-T相関）を求めた。その結果，$r = .27$—$.62$（$p < .01$）であり，識別力を備えているといえる。

　自己効力感，内発的価値に関しても，主因子法による因子分析の結果をもとにして，各々6項目からなる尺度を作成した。各尺度について，信頼性係数（Cronbachのα）を求めたところ，自己効力感尺度で.90，内発的価値尺度で.87の高い値を得た。I-T相関を求めると，$r = .60$—$.79$（$p < .01$）であり，識別力を備えているといえる。

各尺度の検討

　各尺度の平均値と標準偏差は，Table 2-2に示すとおりである。先行研究で一貫した傾向がみられない性差についての検討を行うために，尺度ごとにt検定を行ったところ，一般的認知（理解・想起）方略，復習・まとめ方略，リハーサル方略，自己調整学習方略全体，内発的価値で，女子のほうが有意に高い値を示した。その他の自己調整学習方略，自己効力感においても，数値上は女子のほうが高い値を示しており，先行研究によって示されてきた言語能力，自己効力感における性差や，様々な教科領域のコンピテンスを区別する能力の成熟によって言語と数学についての自己概念が小

---

[2]　項目数が少ないこともあり高くはないが，先行研究でも同様の傾向がみられている（Pokay & Blumenfeld（1990）で $\alpha = .55$—$.75$，Pintrich et al.（1993）で $\alpha = .52$—$.80$，Nolen（1988）で $\alpha = .53$, $.73$）。Pokay & Blumenfeld（1990）の指摘のように，方略が特定の状況に依存して用いられることがかかわっていると思われる。

Table 2-2 自己調整学習方略，内発的価値，自己効力感の全体および男女別の平均値（標準偏差）と性差の t 検定結果

	全体		男子		女子		t 値
	M (SD)	n	M (SD)	n	M (SD)	n	
一般的認知(理解・想起)方略	3.69 (0.96)	239	3.51 (1.01)	131	3.92 (0.84)	108	− 3.47**
復習・まとめ方略	3.20 (1.01)	245	3.01 (1.02)	136	3.42 (0.96)	109	− 3.20**
リハーサル方略	3.43 (1.19)	246	3.27 (1.20)	133	3.61 (1.16)	113	− 2.20*
注意集中方略	3.77 (0.90)	242	3.75 (0.94)	134	3.78 (0.87)	108	− 0.28
関係づけ方略	3.34 (1.06)	245	3.30 (1.09)	134	3.40 (1.01)	111	− 0.78
自己調整学習方略全体	3.51 (0.72)	224	3.39 (0.73)	125	3.67 (0.68)	99	− 2.99**
内発的価値	3.93 (1.13)	238	3.70 (1.14)	131	4.21 (1.06)	107	− 3.51**
自己効力感	2.96 (1.06)	237	2.92 (1.13)	129	3.00 (0.98)	108	− 0.58

* $p < .05$, ** $p < .01$

Table 2-3 自己調整学習方略，自己効力感，内発的価値の相関

	復習・まとめ	リハーサル	注意集中	関係づけ	内発的価値	自己効力感
一般的認知(理解・想起)方略	.57**	.52**	.26**	.45**	.49**	.41**
復習・まとめ方略		.49**	.29**	.40**	.48**	.50**
リハーサル方略			.19**	.34**	.33**	.36**
注意集中方略				.26**	.26**	.44**
関係づけ方略					.37**	.42**
内発的価値						.53**

** $p < .01$

学 5 年生で分化してくること（Marsh, 1986）などを考え合わせると，妥当な結果となっている。

尺度間の関連

次に，尺度間の関連をみるため，相関係数を算出したところ，Pintrich & De Groot（1990）の結果と同様に，すべての下位尺度間において有意な（$p < .01$）正の相関が示された（Table 2-3）。自己効力感，内発的価値についても，いずれの尺度とも有意な（$p < .01$）正の相関を示しており，国語の能力を高く認知しているものほど，また，国語の学習を重要でおもしろいものとみているものほど，すべての自己調整学習方略をより多く使用していた。

自己調整学習方略の下位尺度間の相関をみてみると，特徴的なものとして，注意集中方略があげられる。これは，他のすべての尺度とやや低い正の相関を示しており，相対的にみると少し独立しているようにみえる。注意集中方略は，Pintrich & De

Groot (1990) の尺度では,努力調整方略に相当するものであり,そのような特質を反映しているものと考えられる。この下位尺度は,自己効力感との間には,他の自己調整学習方略とほぼ同様の正の相関を示しており,何らかの独自の機能をもっていることが考えられるが,内容からも動機づけ的側面の自己調整学習方略の一要素をとらえたものとしてみることができるだろう。

全体として,いずれの尺度間も相関が有意であったが,すべての自己調整学習方略尺度を合計した得点と自己効力感,内発的価値との間の相関係数を算出してみたところ,順に.61と.54の値を示した。したがって,自己調整学習方略尺度の下位の構造との関連というより,自己調整学習方略尺度の全体と関連している可能性も考えられる。

以上,「一般的認知(理解・想起)方略」「復習・まとめ方略」「リハーサル方略」「関係づけ方略」という認知的側面の自己調整学習方略と動機づけ関連変数である自己効力感,内発的価値との間に関連がみられることを確認した。

第2節　認知的側面および動機づけ的側面の自己調整学習方略と動機づけ関連変数および動機づけとの関係

ここでは,まず,動機づけ的側面の自己調整学習方略の尺度を作成し,尺度の概念的妥当性の検証を行う。作成された尺度をもとに,認知的側面および動機づけ的側面の自己調整学習方略と動機づけ関連変数および動機づけとの因果関係について検証を行い,自己調整学習方略の機能差について明らかにする。

1. 動機づけ的側面の自己調整学習方略尺度の作成（研究Ⅱ）

第1章での議論をふまえて,動機づけ的側面の自己調整学習方略をとらえる自己動機づけ方略尺度を作成する。

(1) 自己動機づけ方略尺度の作成

自己動機づけ方略について自由記述による予備調査を行い,質問項目を作成する。その後,各項目についての調査を実施し,因子分析により項目を整理する。

◆ 方　法 ◆

自己動機づけ方略の収集（予備調査）

神戸市内の公立中学校の1,2,3年生681名（1年男子151名,女子143名,2年

男子166名，女子159名，3年男子30名，女子32名）に対し，教科学習に関して自分の動機づけ方略を思いつくままに書き出すよう求めた。得られた回答について，動機づけに関する先行研究を参考にしながら，KJ法による分類を行い，項目を作成した。その後，現職の中学校教員に協力を求め，項目の不足や表現の検討を行い，最終的に37項目からなるリストを作成した。

手続き

作成された37項目について，神戸市内の公立中学校1，2，3年生449名（1年男子72名，女子86名，2年男子72名，女子82名，3年男子74名，女子63名）に，勉強のやる気が出ないとき，どのようなやる気の出る工夫をするか，各項目について「まったくしない」（1点）から「いつもする」（5点）までの5件法で評定を求めた。調査は，1999年1月27日から2月1日の間に，担任を通して学級ごとに実施され，回答は成績評価とは関係がないことを教示した。

◆ **結果と考察** ◆

因子分析

37項目について，主因子法・Promax回転による因子分析を行った。固有値の大きさと解釈の可能性から8因子解を採用した。複数の因子に高い負荷を示す項目がみられたため，これらの項目を削除し，30項目について再度因子分析を行い，最終的な8因子構造を確定した。各因子は項目内容から「整理方略」「想像方略」「ながら方略」「負担軽減方略」「めりはり方略」「内容方略」「社会的方略」「報酬方略」と名づけられ，累積寄与率は34.31％であった（Table 2-4）。単独で.25以上の負荷を示す項目を下位尺度とし，因子間相関と下位尺度間相関をTable 2-5に示した。平均値と標準偏差はTable 2-6に示す。

項目分析

尺度の各項目の平均値および標準偏差をTable 2-4に示す。各項目の標準偏差が全項目の標準偏差の第1と第3四分位数から1.5四分偏差以内にあり，回答の分布に極端な偏りはないものと思われる[3]。各下位尺度について，信頼性係数（Cronbachのα）を求めたところ，整理方略が.58（5項目），想像方略が.59（4項目），ながら方略が.60（3項目），負担軽減方略が.57（5項目），めりはり方略が.56（3項目），内容方略が.60（3項目），社会的方略が.58（3項目），報酬方略が.50（4項目）であった[4]。各下位

[3) ただし，平均値が高めで標準偏差が比較的小さい項目が若干みられる。天井効果の可能性が考えられるため，今後さらに詳細な検討を要する。
4) 研究Iの注1）と同様のことがここでもあてはまる。

Table 2-4 自己動機づけ方略の因子分析結果（Promax 回転後の因子パターン）

項　目	M (SD)	I	II	III	IV	V	VI	VII	VIII
I 整理方略									
・色のついたペンを使って，ノートをとったり，教科書に書きこみをする	4.00 (1.18)	.70	−.09	−.06	−.04	−.06	−.03	.01	−.01
・ノートをきれいに，わかりやすくとる	4.11 (1.07)	.67	−.05	.03	−.02	.15	−.06	.03	−.05
・部屋や机の上をかたづけて勉強する	3.66 (1.29)	.39	.12	.06	.14	.02	−.02	−.04	−.15
・ノートに絵やイラストを入れる	2.33 (1.37)	.35	−.09	.16	−.09	−.08	.15	.07	.15
・勉強がしやすいように，部屋の温度や明るさを調節する	3.17 (1.47)	.32	.20	−.03	−.05	−.01	.05	−.17	.05
II 想像方略									
・行きたい高校に受かった時のことを考える	2.63 (1.40)	−.07	.81	.16	−.03	−.10	−.07	.00	−.03
・将来に自分自身のためになると考える	2.88 (1.31)	−.01	.52	−.06	−.00	.13	.04	−.05	−.02
・前にテストなどでうまくいったことを思い出す	2.64 (1.17)	−.01	.41	−.03	.01	−.05	.04	.11	.09
・いやなことを考えないようにする	3.15 (1.20)	.16	.29	−.04	.17	.05	.04	−.03	−.04
III ながら方略									
・音楽を聞きながら勉強する	2.91 (1.55)	−.03	.07	.76	.02	−.03	.01	.06	−.08
・ラジオを聞きながら勉強する	2.03 (1.39)	−.01	.07	.75	−.04	.10	.06	−.11	.05
・勉強の合間に趣味や楽しいこと（音楽，読書，スポーツ，テレビ，ゲームなど）をする	3.97 (1.09)	.12	−.13	.28	.21	.04	−.09	.05	−.01
IV 負担軽減方略									
・得意なところや好きなところを多く勉強する	3.22 (1.12)	−.00	−.01	−.05	.57	.01	.17	−.08	−.05
・得意なところや簡単なところから勉強を始める	3.62 (1.17)	.03	−.01	.04	.56	.06	.07	−.09	−.01
・あきたら別の教科を勉強する	3.57 (1.21)	−.06	.12	.04	.41	−.13	−.12	.07	.16
・勉強の合間に休けいを入れる	4.25 (1.05)	−.03	.06	−.05	.40	.00	.02	.14	.05
・やる気が出るまで待って，気分が乗ったときに勉強する	3.36 (1.17)	−.06	−.17	.09	.33	.02	−.08	.09	.06
V めりはり方略									
・勉強するときは思いっきり勉強して，遊ぶときは思いっきり遊ぶ	3.59 (1.10)	−.02	.02	.05	−.02	.71	−.05	.04	.13
・短時間に集中して勉強する	3.42 (1.07)	.01	−.09	.04	.04	.49	.03	−.04	−.01
・"ここまではやるぞ"と，量と時間を決めて勉強する	3.66 (1.24)	.11	.04	−.01	−.02	.47	.01	.04	.05
VI 内容方略									
・自分のよく知っていることや興味のあることと関係づけて勉強する	2.66 (1.15)	−.05	−.10	−.04	.14	.03	.80	.01	−.03
・身近なことに関係づけて勉強する	2.25 (1.07)	.00	.13	.12	−.05	−.05	.61	.02	−.01
・ゴロあわせをしたり，歌にあわせたりしておぼえる	2.64 (1.30)	.09	.14	−.12	−.06	−.01	.26	.15	.18
VII 社会的方略									
・友だちと教え合ったり，問題を出し合ったりする	3.06 (1.20)	.05	.08	−.07	.05	−.01	−.07	.75	−.18
・友だちといっしょに勉強をする	2.17 (1.12)	−.12	−.12	.08	−.05	.02	.15	.63	.06
・勉強のなやみを人に相談する	2.51 (1.26)	.19	.17	−.03	−.01	.11	−.02	.28	.02
VIII 報酬方略									
・勉強が終わったり問題ができたら，お菓子を食べる	2.94 (1.26)	.10	.01	.06	.08	−.09	−.03	−.11	.70
・何か食べたり飲んだりしながら勉強する	2.74 (1.32)	.03	−.04	.17	.04	−.08	−.06	.02	.49
・"勉強が終わった後，遊べる"と考えて勉強する	3.35 (1.34)	−.15	.11	−.08	.04	.22	−.04	−.00	.41
・勉強やテストがよくできたら，親からごほうびをもらう	2.15 (1.35)	−.12	−.05	.02	−.05	.17	.05	−.07	.35

Table 2-5 自己動機づけ方略の因子間相関（右上）と下位尺度間相関（左下）

	整理	想像	ながら	負担軽減	めりはり	内容	社会的	報酬
整理	1.00	.42	.08	.17	.33	.30	.35	.31
想像	.31**	1.00	－.15	.11	.45	.35	.22	.17
ながら	.13**	－.03	1.00	.19	－.19	.10	.17	.30
負担軽減	.08	.09	.21**	1.00	－.05	.02	.11	.27
めりはり	.25**	.29**	－.02	－.01	1.00	.34	.12	－.09
内容	.29**	.32**	.08	.09	.27**	1.00	.35	.27
社会的	.29**	.24**	.09	.10*	.18**	.35**	1.00	.39
報酬	.17**	.13**	.18**	.24**	.05	.20**	.16**	1.00

*p < .05, **p < .01

Table 2-6 自己動機づけ方略尺度の全体および学年別の平均値（標準偏差）と分散分析結果

	全体	1年生	2年生	3年生	F値	下位検定（Tukey's HSD）
整理方略	3.46(0.78)	3.53(0.83)	3.35(0.75)	3.50(0.75)	2.41	1, 2年＜3年
想像方略	2.82(0.85)	2.72(0.80)	2.64(0.79)	3.14(0.89)	15.46**	1年＜2, 3年
ながら方略	2.98(1.01)	2.68(0.90)	3.05(1.04)	3.24(1.01)	12.23**	1年＜3年
負担軽減方略	3.61(0.69)	3.50(0.75)	3.59(0.69)	3.74(0.60)	4.58*	2年＜1, 3年
めりはり方略	3.56(0.83)	3.67(0.86)	3.29(0.84)	3.73(0.71)	12.63**	2年＜1, 3年
内容方略	2.52(0.88)	2.63(0.91)	2.32(0.77)	2.61(0.92)	6.00**	2年＜1, 3年
社会的方略	2.59(0.88)	2.68(0.87)	2.38(0.90)	2.71(0.85)	6.29**	2, 3年＜1年
報酬方略	2.79(0.83)	2.97(0.83)	2.68(0.78)	2.72(0.86)	5.68**	

*p < .05, **p < .01

尺度に属する各項目の識別力を検討するため，各下位尺度内で各項目の得点とその項目以外の全項目の得点との相関係数（Ⅰ-T相関）を求めた。その結果，$r = .21$―$.53$（$p < .01$）であり，識別力を備えているといえる。

学年による差異

　学年差を検討するため，各下位尺度で学年を独立変数とする1要因分散分析を行った。その結果，整理方略以外のすべてに有意差がみられ，下位検定を行ったところTable 2-6に示す方向ですべて有意（$p < .05$）であった。学年を経るにつれて使用が増加していく方略は，想像方略，ながら方略，負担軽減方略であり，逆に減少していく方略は，報酬方略であった。学年を経るに従い，受験を意識するためか，高校に受かった時のことや将来のことなどを考えることで動機づけを高めようとする想像方略が多く用いられるようになる傾向がある。また，受験を控えて学習量や学習時間が増加し，それによる学習の負担を軽減するような方略を用いたり，ながら勉強をしたりするこ

とによって，自らを動機づけようとしている実態がうかがえる。報酬方略は，外的動機づけによるものと考えられるが，報酬方略が低下し想像方略が上昇していくという結果は，学年とともに学習意欲の相対的な強さが賞罰によるものから自己目標実現のためのものへと変化していくとする新井(1995)の指摘と対応するものといえるだろう。

(2) 自己動機づけ方略尺度の概念的妥当性の検討

　従来，動機づけは外発－内発の二分法でとらえられてきた。これに対し，Ryan(1993)は自己決定理論に基づき，外発的動機づけを外的，取り入れ的，同一化的動機づけの3段階に分類し，外発から内発まで連続するものとしてとらえた。この分類は本邦でも速水（1995）により実証されている。Wolters（1998）は，内発的調整方略と学習目標志向，外発的調整方略と遂行目標志向との関連を明らかにしており，動機づけの種類によって，使用される動機づけ方略が異なってくることが推測される。より外発的な動機づけの段階にあるほど，他者からの賞賛や評価，報酬などの外的な手段に依存するような方略をよく用いることが考えられ，一方，より内発的な動機づけの段階にあるほど，課題や学習自体の楽しさや興味，価値を重視した学習そのものの取り組み方に深くかかわるような方略を多用することが予想される。ここでは，これらの関係を調べることで，作成された尺度の概念的妥当性の検討を行うことにする。

　さらに，自己動機づけ方略の使用は，個人が学業に関する環境をどのように処理できているかにかかわるものであり，ここでは特に学業ストレスの観点から検討を行うことにする。学業ストレスに関する研究は多くはないが，テスト場面に限れば，大学生の試験前の恐怖感情が願望的思考およびソーシャル・サポートの希求により助長されていること（Folkman & Lazarus, 1985），大学生のテスト不安が回避・逃避および立ち向かうことといった情動中心対処により助長されていること（Blankstein et al., 1992），高校生のテスト不安が回避的な対処に規定されること（Zeidner, 1996），テストによるストレス反応の表出が高い性格特性をもつ大学生が，思考回避や気晴らしなど回避的なコーピングを多く用いる傾向にあること（新名・矢冨，1986），大学生においてdistress（コントロール不可能性や脅威性の評価，回避的対処）次元が高い型の対処行動がストレス反応を強める作用があること（鈴木・嶋田・坂野，2001）が明らかになっている。学業場面に関しては，三浦・坂野（1996）が，思考の肯定的転換とサポート希求が一部のストレス反応を低減し，あきらめがストレス反応全般を，積極的対処が一部のストレス反応を増大させていることを，中学生を対象とする調査で明らかにしている。

　これらの研究から，回避的な対処を中心とする不適切な対処方略の使用が，ストレ

ス反応を高め，効果的な学習の進行を妨げていることが推察できる。中学生を対象に学業全般のストレス過程を自己成長感および学習意欲との関連で詳細に検証した研究（神藤，1998）においても，学業ストレッサーに対して回避的対処を多く行っている生徒は，ストレス反応を高め，そして学習意欲を低めていることが明らかになっている。したがって，回避的対処を多く行っている生徒は，あまり効果的な自己動機づけ方略を用いていないことが予想される。一方，学業ストレッサーに対して問題解決的対処を行っている生徒は，学業ストレッサーを自己成長感や動機づけにつなげていることから，より効果的な自己動機づけ方略を多く使用していることが予想される。また，積極的情動中心対処を行っている生徒についても，学業ストレッサーを適切に処理し，学習環境が調整できていることから，効果的な自己動機づけ方略をよく用いているものと思われる。他者依存的情動中心対処をとる生徒はストレス反応を高めるが，学習意欲は阻害されず，また，学習環境の調整の仕方として他人に頼るものであるため，学業に自らを動機づける場合においても，対人関係を中心とする方略をよく用いていることが推測される。対処方略の問題に加えて，学業ストレッサー評価が高い生徒ほどストレス反応が高く，学習意欲が低いことが明らかにされていることから，学業ストレッサー評価が高い生徒は，あまり効果的な自己動機づけ方略を用いていないものと思われる。以上のような関連をみることで，自己動機づけ方略尺度の概念的妥当性についてさらなる検討を行うことをここでの目的とした。

◆ 方　法 ◆

調査対象と手続き

　前述した神戸市内の公立中学校の1，2，3年生449名（1年男子72名，女子86名，2年男子72名，女子82名，3年男子74名，女子63名）を対象とする自己動機づけ方略尺度作成のための調査とあわせて実施した。

調査内容

(1) 自己動機づけ方略

　この研究で作成した自己動機づけ方略尺度を用いた。

(2) 4種類の動機づけ

　速水ら（1996）による外的動機づけ，取り入れ的動機づけ，同一化的動機づけ，内発的動機づけを測定する尺度（各7項目）を用い，5教科の勉強について「どんな時もあてはまらない」（1点）から「いつもあてはまる」（5点）までの5件法で評定を求めた。

(3) 学業ストレス対処方略

神藤 (1998) による問題解決的対処, 回避的対処, 積極的情動中心対処, 他者依存的情動中心対処からなる尺度を用いた。各々因子負荷量が高い3項目, 計12項目について勉強に関して嫌なことがあるときにどれくらい行うかを「まったくしない」(1点) から「非常によくする」(4点) までの4件法で評定を求めた。

(4) 学業ストレッサー評価

神藤 (1998) による成績, 宿題, 親, 教師, 恥からなる尺度を用いた。各々因子負荷量が高い3項目, 計15項目について経験頻度と嫌悪性を尋ねた。経験頻度は「まったくなかった」(0点) から「たびたびあった」(3点), 嫌悪性は「まったくいやでなかった」(0点) から「とてもいやだった」(3点) までの4件法で, 両者を乗算した値を合計し, 尺度得点とした。

◆ 結果と考察 ◆

自己動機づけ方略の使用と4種類の動機づけとの関連

まず, 4種類の動機づけ下位尺度間の相関係数を算出したところ, 概念的に隣接する動機づけの間により高い正の相関を示すシンプレクス構造が確認された ($r=.04$ ―.71)。次いで, 自己動機づけ方略下位尺度と4種類の動機づけ尺度の間の相関係数を算出した (Table 2-7)。取り入れ的, 同一化的, 内発的動機づけは, 想像方略, めりはり方略, 内容方略, 整理方略, 社会的方略との間に有意な ($p < .01$) 正の相関を示した。一方, 外的動機づけは, 報酬方略, 負担軽減方略との間に, また報酬方略は,

Table 2-7 自己動機づけ方略と4種類の動機づけとの相関

	外的	取り入れ的	同一化的	内発的
想像方略	.11*	.40**	.44**	.35**
めりはり方略	－.02	.24**	.41**	.40**
内容方略	.10*	.21**	.31**	.28**
整理方略	.11*	.27**	.25**	.27**
社会的方略	.01	.16**	.14**	.17**
報酬方略	.19**	.13**	.06	.04
負担軽減方略	.13**	.02	－.09	－.09*
ながら方略	.03	－.10*	－.08	－.08

* $p < .05$, ** $p < .01$

取り入れ的動機づけとの間にも，高くはないが有意な（$p < .01$）正の相関を示した。

　将来のことを考えたり，積極的な思考をしたりすることで動機づけを高める想像方略，学習時間の区切りをうまくつけて集中力を高めるめりはり方略，学習内容を身近なことやよく知っていること，興味のあることと関係づける内容方略，ノートのまとめ方を工夫したり，部屋や机などの環境を整えたりすることで動機づけを調整する整理方略，友だちとともに学習をしたり相談をしたりすることで自らを動機づける社会的方略が，より内発的な動機づけと結びついていた。これらの下位尺度は，賞罰のような外的手段に頼るというよりは，課題や学習そのものや，それへの取り組み方を工夫したり調整したりすることで動機づけの生成，維持，向上を図ろうとする方略であり，その概念的な妥当性が裏づけられたといえるだろう。これまでの研究で，内発的動機づけのほうが，強い持続性，深い認知的処理，高い達成を導くことが明らかになっていることから，これらの方略は，より効果的な自己動機づけ方略といえよう。

　報酬方略は，飲食や親からのごほうび，すなわち，外的な報酬によって学習へのやる気を高めることであり，予測されたように，そのような方略をよく利用するものほど，外的，取り入れ的動機づけが高い傾向にあった。また，得意なところや簡単なところをしたり，あきたら別のことをしたり，休憩をしたりするなど，現在，行っている学習の中でも取り組みやすい部分に焦点をあてたり，一時的に離れたりする負担軽減方略を用いているものほど，外的動機づけが高い傾向にあった。これらの下位尺度は，学習や課題自体に積極的に取り組んでいくというよりは，学習上の負担をうまくかわし，外側から動機づけを維持したり高めたりしようとする方略であり，高くはないが有意な相関の結果から，その概念的な妥当性が概ね支持されたといえよう。

　なお，ながら方略は，4種類の動機づけのいずれにも関連が認められなかった。何かをしながらの学習というのは，必ずしも実質的に学習への取り組みを促すものとはいえないが，過剰な負担を軽減することで動機づけを維持することも考えられ，今後，さらなる検討を要する。

自己動機づけ方略の使用と学業ストレス対処方略，学業ストレッサー評価との関連

　自己動機づけ方略下位尺度と学業ストレス対処方略，学業ストレッサー評価尺度の間の相関係数を算出した（Table 2-8）。問題解決の対処は，想像方略，めりはり方略，内容方略，整理方略，社会的方略と有意な正の相関を示した。回避の対処は，負担軽減方略と有意な正の相関を示し，めりはり方略，内容方略とは有意な負の相関を示した。積極的および他者依存的情動中心対処は，想像方略，めりはり方略，内容方略，整理方略，社会的方略，報酬方略，負担軽減方略と有意な正の相関を示した。学業ストレッサー評価は，負担軽減方略，ながら方略と有意な正の相関を示し，めりはり方

Table 2-8　自己動機づけ方略と学業ストレス対処方略，学業ストレッサー評価との相関

	問題解決	回避	積極的情動中心	他者依存的情動中心	学業ストレッサー評価
想像方略	.40**	−.09	.33**	.26**	.02
めりはり方略	.41**	−.27**	.24**	.12*	−.14**
内容方略	.35**	−.12*	.26**	.23**	.01
整理方略	.32**	−.06	.16**	.18**	.09
社会的方略	.27**	−.08	.29**	.42**	.04
報酬方略	−.03	.09	.20**	.18**	.01
負担軽減方略	−.09	.26**	.19**	.18**	.20**
ながら方略	−.05	.07	.09	.00	.12*

*$p < .05$, **$p < .01$

略とは有意な負の相関を示した。

　より内発的な動機づけと関連があった想像方略，めりはり方略，内容方略，整理方略，社会的方略が，問題解決的対処，積極的情動中心対処と正の相関を示し，回避的対処，学業ストレッサー評価とは，無相関ないし負の相関を示していた。学業上のストレスに対し直接的で積極的な対処ができている生徒ほど，より効果的な自己動機づけ方略を多く使用していることが明らかとなり，これらの下位尺度の概念的妥当性を支持する結果といえる。これらの方略は，他者依存的情動中心対処とも正の相関を示し，予測されたように，社会的方略とより高い相関がみられている。この対処は，神藤（1998）ではストレス反応をもたらすものとされたが，逆の知見もあり（三浦・坂野，1996），また，必ずしも学習意欲を阻害するものではない。学習環境を調整しようとする努力という点で，両者の間に関連がみられたことは，妥当な結果といえるだろう。

　一方，外的動機づけとの関連が示唆された負担軽減方略は，問題解決的対処とは無相関であるが，他者依存的，積極的情動中心対処に加え，回避的対処とは正の相関を示していた。この方略は，学業ストレッサー評価とも正の相関を示している。負担軽減方略は，学業ストレッサーを高く評価し，回避的な対処によってストレスを適切に処理できていない生徒がよく用いるもので，学習から完全に離れてしまうことで動機づけを低下させてしまう危険性をはらむものといえるかもしれない。報酬方略についても，問題解決的対処とは無相関であるが，他者依存的，積極的情動中心対処とは正の相関を示していた。直接的に問題の解決を図るのではなく，他者や情動など間接的な形で外側からストレスに対処しようとしている生徒ほど，外的動機づけによるものといえる報酬方略や負担軽減方略を多用しており，これは概念的妥当性を示す結果といえよう。

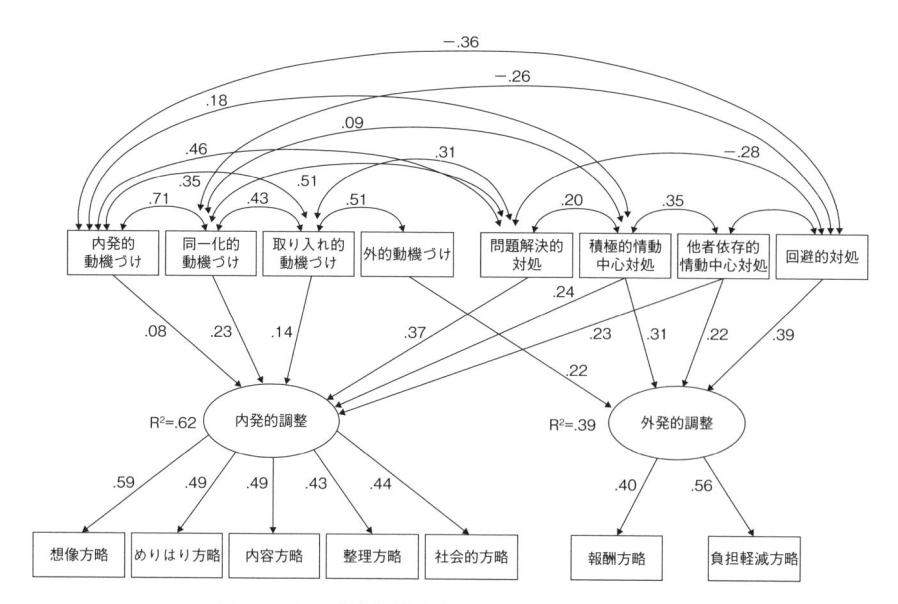

Figure 2-1 共分散構造分析結果（研究Ⅰ）（誤差項は省略）

　ながら方略は，学業ストレッサー評価とかろうじてかかわりがみられた以外，特に関連は認められなかった。動機づけとのかかわりを含め，今後，検討が必要だろう。

共分散構造分析による検討

　以上の結果を，各下位尺度得点を観測変数とする共分散構造分析によって検討した。モデルの構成にあたり，下位尺度間相関や尺度の妥当性検証の結果から，自己動機づけ方略を「内発的調整」と「外発的調整」により規定されると考え，これらを潜在変数とした。また，動機づけの間にシンプレクス構造を満たすよう相関を仮定し，神藤（1998）の結果に従い，学業ストレス対処方略の尺度間に相関を，さらに，学業ストレス対処方略と動機づけの間に相関を仮定した。顕著な関連がみられなかったながら方略と学業ストレッサー評価はモデルに組み込まなかった。分析結果を Figure 2-1 に示す。GFI = .93，AGFI = .89，CFI = .90，RMSEA = .07 であり，モデルの適合性は十分なものであった。内発的動機づけからのパスを除き，すべてのパス係数が有意（$p < .05$）であり，尺度の概念的妥当性が再確認された。

◆ **まとめ** ◆

　研究Ⅱでは，自己動機づけ方略尺度を作成し，それと動機づけおよび学業ストレス

との関連を調べることで尺度の概念的妥当性の検討を行った。その結果，より内発的な動機づけとかかわりがあった想像方略，めりはり方略，内容方略，整理方略，社会的方略が，直接的，積極的なストレス対処方略と関連を示し，一方，外的動機づけとのかかわりが示唆された負担軽減方略と報酬方略が，外的で回避的なストレス対処方略と関連を示し，これらの下位尺度の概念的妥当性が概ね支持された。以上のような関係は，共分散構造分析によっても再確認された。

Wolters (1998) は，大学生で14のカテゴリーを見いだしているが，熟達目標，意志力，感情の方略は，中学生の調査ではみられなかった。これらは，Wolters (1998) の調査でも回答がごく少数であったため，あまり一般的ではない方略なのか，発達上の問題なのか，検討が必要であろう。一方，中学生にのみ認められた方略に，ながら方略がある。妥当性の検証において疑問が残ったが，学年とともにその使用の程度が上昇し，平均値からも中学生の間で一定程度，利用されていることがうかがえるため，今後，学習においてどのような効果をもたらすものであるのか，調べていく必要があるだろう。

これまで，自己調整学習方略の研究では，動機づけとの結びつきについて包括的な検証しかなされてこなかった。研究IIにより，自己調整学習方略には自己動機づけ方略という側面があり，それが単一に動機づけを左右するのではなく，外発的な動機づけとかかわる方略もあれば，より内発的な動機づけとかかわる方略もあることが明らかとなった。本尺度によって，生徒がどのような自己動機づけ方略を使用しているかを見極め，その利用を促すことで，内発的な動機づけを高め，外発から内発的な段階へと変化させていくような学習支援が容易になるものと思われる。

2. 認知的側面および動機づけ的側面の自己調整学習方略と動機づけ関連変数および動機づけとの関係――因果関係と機能差の検証（研究III）

研究IIIでは，自己効力感および学習時の不安感→自己調整学習方略の使用→学習の持続性の因果モデルについて検討することで，認知と動機づけの2つの側面の自己調整学習方略の機能の違いを明らかにする。第1章で詳述したが，研究IIの結果をふまえると，以下に述べる点が，さらに具体的な仮説として加えられる。自己動機づけ方略の中でも，内発的調整方略は，内発的な動機づけと関連があり，外発的調整方略は，外発的な動機づけと関連があることが示された。内発的な動機づけは，強い持続性，深い認知的処理，高い達成を導くものであり，したがって，それとかかわりのある内発的調整方略は，学習における粘り強い取り組みをもたらす一方で，外発的な動機づけとかかわりのある外発的調整方略は，外的な手段に依存するものであるため，粘り

強い取り組みにはつながらない可能性が考えられるだろう。また，第1章でふれたように，テスト不安の高い人は，回避的な対処とともに積極的な対処も多く用いる傾向にあることが明らかになっていることから，より積極的な対処とかかわりがあるとされる内発的調整方略をよく用い，また，回避的対処との関連が明らかになっている外発的調整方略も，同時によく用いていることが予想される。

以上のような仮説を検証するために，研究Ⅲでは，試験の1ヶ月前の時点での学習における不安感と自己効力感とを測定し，試験3週間前から1週間前までの認知的側面と動機づけ的側面の自己調整学習方略の使用程度，試験1週間前の時点での学習の持続性について調べ，これらの因果関係の分析を行う。共分散構造分析によって，自己効力感および学習時の不安感→自己調整学習方略の使用→学習の持続性の因果モデルについて検討を加えることで，自己調整学習方略の機能差を明らかにする。

◆ 方　法 ◆

調査対象と手続き

調査対象は，研究Ⅱと同一であり，第1回の調査（研究Ⅱの内容を含む）を1999年1月27日から2月1日の間に，第2回の調査を1999年2月17日から2月22日の間に行った。いずれも担任を通して学級ごとに一斉に実施され，回答は成績評価とは関係がないことを教示した。欠損のあるデータを除き，349名（中学1年男子53名，女子67名，2年男子55名，女子67名，3年男子54名，女子53名）を分析の対象とした。

調査内容

因果モデルを構成するために，試験1ヶ月前の第1回調査では，自己効力感と学習時の不安感が測定された。

(1) 自己効力感

研究Ⅰの尺度を学業一般に適用できるように表現を一部修正し，用いた。4項目について「まったくあてはまらない」（1点）から「とてもよくあてはまる」（5点）までの5件法で評定を求めた。

(2) 平常の学習時の不安感

曽我（1983）による日本版STAICの状態不安尺度のうち，Item-remainder相関の高かった6項目を普段の学習時に適合するように表現を修正し，用いた。自己効力感と同様の5件法によった。

第1回調査の3週間後に，以下に示す3つの尺度からなる第2回調査が実施された。

(3) 認知的側面の自己調整学習方略

研究Ⅰで作成した尺度を用いた。「一般的認知（理解・想起）方略」（5項目），「復習・まとめ方略」（5項目），「リハーサル方略」（2項目），「関係づけ方略」（2項目）について過去2週間での使用程度を「まったくあてはまらない」（1点）から「とてもよくあてはまる」（6点）までの6件法で評定を求めた。

(4) 動機づけ的側面の自己調整学習方略

研究Ⅱで作成した自己動機づけ方略尺度を用いた。内発的調整方略として「想像方略」（4項目），「めりはり方略」（3項目），「内容方略」（3項目），「整理方略」（5項目），「社会的方略」（3項目），外発的調整方略として「報酬方略」（4項目）「負担軽減方略」（5項目）について過去2週間での使用程度を「まったくしなかった」（1点）から「いつもそうした」（5点）までの5件法で評定を求めた。

(5) 学習の持続性

下山（1985）の学習意欲検査（GAMI）の「持続性の欠如」（5項目）を用い，「あてはまらない」（1点）から「よくあてはまる」（4点）までの4件法で評定を求めた。

◆ 結　果 ◆

観測変数

自己効力感，学習時の不安感，持続性の欠如の各尺度について主因子法による因子分析を行った結果，第1固有値が第2固有値以降に比べ十分に大きく，1因子解が妥当であることを確認した。それぞれ因子負荷量が高い3項目ずつを観測変数とした。認知的側面の自己調整学習方略と自己動機づけ方略の各下位尺度についても主因子法による因子分析を行い，1因子性を確認した。いずれも各下位尺度の平均点を観測変数とした。

モデルの構成

「自己効力感」「学習時の不安感」「認知的側面の自己調整学習方略」「内発的調整方略」「外発的調整方略」「持続性の欠如」の6つを潜在変数として，仮説に基づき，「自己効力感」「学習時の不安感」から「認知的側面の自己調整学習方略」「内発的調整方略」「外発的調整方略」に対し，さらに，これらの3つの自己調整学習方略から「持続性の欠如」に対して，それぞれパスを仮定した。先行研究をふまえ，「自己効力感」と「学習時の不安感」の間に相関を仮定した。また，「認知的側面の自己調整学習方略」と「内発的調整方略」とにかかる誤差変数間の共分散を自由母数として推定することにした。これは，自己効力感や不安感以外にも，例えば，内発的動機づけや学習に対する価値など，両者の自己調整学習方略の使用に共通して影響を与えている要因の存

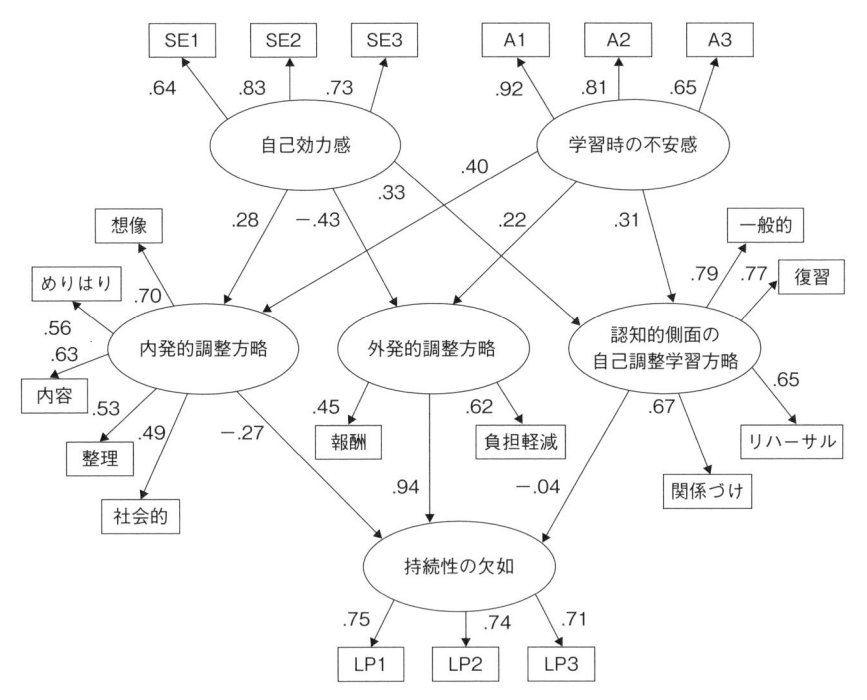

第 2 章　学業達成における自己調整学習

Figure 2-2　共分散構造分析結果（研究Ⅲ）（数値は標準化解で，誤差項と相関は省略した。SE，A，LP は質問項目を示している。資料を参照のこと）

在が仮定できると考えたためである。以上の因果モデルを Figure 2-2 に示す。
モデルの検討[5]

　共分散構造分析の結果として得られた標準化推定値を Figure 2-2 に示す。影響指標は，すべての観測変数で .45 以上の値を示し，いずれも有意（$p < .01$）となっている。したがって，構成概念と観測変数は適切に対応しているといえる。また，モデルの適合度指標の値は，GFI = .91，AGFI = .88，CFI = .91，RMSEA = .06 で，十分なものであった。想定したモデルがデータの分散共分散行列をよく説明していると判断できる。
　次に，構成概念間のパス係数をみると，まず，「自己効力感」から「認知的側面の

5）　多重共線性の可能性を考慮して，データを無作為に折半して再度計算を行い，また，観測変数を因子負荷量の低かった項目に入れ替えて再分析を行ったが，いずれもほぼ同様のパス係数，相関を確認することができた。適合度指標は，GFI = .87—.91，AGFI = .83—.88，CFI = .86—.91，RMSEA = .06—.08 の値を示した。入れ替えて検討した項目のうち「学習時の不安感」尺度の項目は，すべて逆転項目であったため，影響指標がやや低くなり（下限 − .34），そのために適合度が若干低くなったところもあるが，全体としてはいずれも概ね満足できる値を示していた。

自己調整学習方略」「内発的調整方略」「外発的調整方略」へのパス係数（順に, .33, .28, -.43）は, いずれも有意であった（$p < .01$）。「自己効力感」が高いものほど,「認知的側面の自己調整学習方略」と「内発的調整方略」をよく用いるが,「外発的調整方略」は用いていないことが示された。「学習時の不安感」についても「認知的側面の自己調整学習方略」「内発的調整方略」「外発的調整方略」へのパス係数（順に, .31, .40, .22）が, いずれも有意であった（$p < .01$）。「学習時の不安感」が高いものほど, すべての自己調整学習方略をよく用いていることが明らかとなった。

「持続性の欠如」への影響については,「内発的調整方略」と「外発的調整方略」からのパス係数（順に, -.27, .94）が有意（$p < .01$）であり,「認知的側面の自己調整学習方略」からのパス係数（-.04）は有意ではなかった。「内発的調整方略」の使用が, 学習の持続性の欠如と負の関連を示し, 一方,「外発的調整方略」の使用は, 学習の持続性の欠如と正の関連を示していた。「認知的側面の自己調整学習方略」の使用による学習の持続性への影響は検出されなかった。

また, 仮定された「自己効力感」と「学習時の不安感」との間の相関は, $r = -.10$ であり, 先行研究の指摘どおり負の値を示してはいるが, ほとんど関連がみられなかった。この結果は, 三浦ら（1997）の, 不安の高いものが試験に対し前向きな考えをもっているとする報告とかかわるものであるかもしれない。「認知的側面の自己調整学習方略」と「内発的調整方略」とにかかる誤差変数間の相関については, 仮定されたように $r = .68$ の値を示した。

◆ 考　察 ◆

研究Ⅲでは, 自己効力感および学習時の不安感→自己調整学習方略の使用→学習の持続性の因果モデルを仮定し, 共分散構造分析による検討を行った。その結果, まず, 自己効力感が, 認知的側面の自己調整学習方略だけでなく, 内発的調整方略の使用をも促していること, 逆に, 外発的調整方略は, 自己効力感が低くなるほど使用されていることが明らかとなった。そして, 内発的調整方略をよく使用しているものほど学習において持続性が高く, 外発的調整方略をよく用いているものほど持続性が低いという結果となった。自己効力感の高いものは, これまで明らかにされてきた認知的側面の自己調整学習方略だけでなく, 動機づけ的側面の自己調整学習方略をも用いており, 中でも, 勉強の楽しさや興味, 価値を高めるといった適応的で積極的な内発的調整方略のほうをよく使用していることが示された。従来から, 自己効力感が持続性を高める働きをしていることは盛んに指摘されてきたが, 単にあきらめずに粘り強く取り組むというだけではなく, 内発的調整方略のような自己動機づけ方略による自己調

整を通して，学習への持続性を維持している可能性が示された。

学習時の不安感については，予測されたように，すべての自己調整学習方略の使用に影響していた。これまで一般にテスト場面での不安は阻害的な働きをするといわれてきたが，試験以前の平常の時期に学習全般に関して抱く不安感は，認知的側面の自己調整学習方略と，動機づけ的側面の自己調整学習方略である内発的調整方略の使用を促し，内発的調整方略の使用は，学習への粘り強い取り組みをもたらしていることが示された。しかし，その一方で，ストレス・コーピングに関する知見からも示唆されたように，不安感は，外発的調整方略の使用をも促しており，これは，学習への持続性に対して阻害的な影響を示していた。このような間接効果から，全体としてみると，不安感は，学習の持続性に阻害的に働いているものと考えられるが，同時に三浦ら(1997)の報告にもあるように，内発的調整方略のような自己動機づけ方略を用いて，積極的に学習に取り組んでいこうとする一面もみられるということが示唆された。

次に，外発的調整方略と学習の持続性との関連については，予測どおり，この方略は学習の持続性に対し促進的な働きを示していなかった。外発的調整方略は，一定程度の動機づけを高めたり維持したりするものと思われるが，他者からの賞賛や評価，報酬など外的な手段に頼るものであるため，粘り強い取り組みにはつながりにくいものといえるだろう。研究Ⅱでは，外発的調整方略が，情動中心対処と関連していることが示されており，学習の過剰な負担や学業ストレスを軽減することで効果的な学習を促す緩衝的な働きをもっている可能性も考えられる。今後，このような自己動機づけ方略としての適応的な側面について明らかにしていく必要があるだろう。

ところで，研究Ⅲでは，認知的側面の自己調整学習方略が，持続性に対してほとんど影響を示していなかった。先行研究をふまえると，認知的側面の自己調整学習方略は，動機づけの調整というよりむしろ認知活動自体を効率化するものであり，認知活動の成果である学業成績のほうを直接的に規定しているものと考えられる。ここでは，自己動機づけ方略とのかかわりで，学習の持続性に対する因果関係をみたために，自己調整学習方略の認知的側面の効果が現れにくくなったものと思われる。

3. 自律的動機づけ，自己調整学習方略の使用，思考力の因果モデルの検証（研究Ⅳ）[6]

研究Ⅳでは，自律的動機づけ→自己調整学習方略の使用→思考力の因果モデルの検

---

6) ここでの結果は，筆者が担当したゼミ生である今井亜美さんの卒業論文（今井，2008）のデータを本人の許可を得て再分析したものである。記して深謝する。

討を行うことで，2つの側面の自己調整学習方略の機能の違いについてさらに明確にしておくことにする。研究Ⅲでは，認知的側面の自己調整学習方略が，持続性に対して特に影響を示していなかった。認知的側面の自己調整学習方略は，学業成績を直接，規定していることが考えられたが，ここでは，思考力を指標として，こうした可能性について検証をしておく。思考力は，高次の認知活動と深くかかわるものであり，動機づけ的側面の自己調整学習に比べると，認知的側面の自己調整学習方略の影響が大きく現れるのではないだろうか。認知的側面の自己調整学習方略の中でも，とりわけ深い処理を伴うような方略が関連を示すことが予測される。

◆ 方 法 ◆

調査対象と手続き

愛知県内の小学校の5年生[7] 105名（男子62名，女子43名）を対象とした。調査は，2007年の2学期に，担任教師によって学級ごとの集団で一斉に実施された。質問紙への回答を求めた後，思考力の問題を5分間で実施した。

調査内容

(1) 自律的動機づけ

速水ら（1996）による外的動機づけ，取り入れ的動機づけ，同一化的動機づけ，内発的動機づけを測定する尺度（各3項目）を用い，算数の勉強について「どんなときもあてはまらない」（1点）から「いつもあてはまる」（5点）までの5件法で評定を求めた。

(2) 認知的側面の自己調整学習方略

算数において検証を行うため，市原・新井（2006）による意味理解方略尺度，暗記・反復方略尺度を用いることにした。これらは研究Ⅰの一般的認知（理解・想起）方略，リハーサル方略と対応するものである。因子負荷量の高い3項目ずつを分析に利用した。算数の学習に関して「まったくしない」（1点）から「いつもそうする」（5点）までの5件法で評定を求めた。

(3) 動機づけ的側面の自己調整学習方略

内発的調整方略である「整理方略」（5項目），「想像方略」（3項目），「内容方略」（3項目）を自己動機づけ方略としてまとめて用いた。算数の学習に関して「まったくしない」（1点）から「いつもそうする」（5点）までの5件法で評定を求めた。

---

7) 次章でも検証を行うが，小学校高学年頃から自己調整学習が成立し始めることがいわれている。ここでは対象を小学校5年生とし，検討を行うこととした。

(4) 思考力の問題

　国際教育到達度評価学会（IEA）の「国際数学・理科教育動向調査の 2003 年調査（Trends in International Mathematics and Science Study 2003 : TIMSS2003）」から，小学 4 年生を対象とした算数の推論領域の問題 5 題（国立教育政策研究所，2005）を取り上げた。調査結果の正答率をもとに難易度が偏ることのないよう問題を設定した。

◆ 結　果 ◆

観測変数

　自律的動機づけは，先行研究にならい，次の計算式に基づいて算出した。
　　「自律的動機づけ＝（－2×外的動機づけ）＋（－1×取り入れ的動機づけ）＋（1×同一化的動機づけ）＋（2×内発的動機づけ）」
である。これは，得点が高いほど，動機づけの自律性が高いことを示す指標となる。意味理解方略，暗記・反復方略は，それぞれ 3 項目を観測変数とし，内発的調整方略については，下位尺度ごとに各項目の合計得点を算出し，観測変数とした。

　思考力の各問題に関して，正答を 1 点，誤答を 0 点として合計得点を算出した。得点は 0 点から 5 点までの範囲をとることになる。分布を確認したところほぼ正規とみなせたため，この合計得点をもって思考力得点とし，観測変数として以降の分析を進めることにした。

モデルの構成

　「意味理解方略」「暗記・反復方略」「自己動機づけ方略（内発的調整方略の 3 下位尺度）」を潜在変数として，仮説に基づき，「自律的動機づけ」から「意味理解方略」「暗記・反復方略」「自己動機づけ方略」に対し，さらに，これらの 3 つの自己調整学習方略から「思考力」に対して，それぞれパスを仮定した。以上の因果モデルを Figure 2-3 に示す。

モデルの検討

　共分散構造分析の結果として得られた標準化推定値を Figure 2-3 に示す。影響指標は，すべての観測変数で .66 以上の値を示し，いずれも有意（$p < .01$）となっている。したがって，構成概念と観測変数は適切に対応しているといえる。また，モデルの適合度指標の値は，GFI ＝ .92，AGFI ＝ .86，CFI ＝ .97，RMSEA ＝ .06 で，十分なものであった。想定したモデルがデータの分散共分散行列をよく説明していると判断できる。

　次に，パス係数をみると，まず，「自律的動機づけ」から「意味理解方略」「暗記・反復方略」へのパス係数（順に，.43, .33）が有意であった（$p < .01$）。「自律的動機づけ」が高いものほど，「意味理解方略」と「暗記・反復方略」をよく用いていた。「思考力」

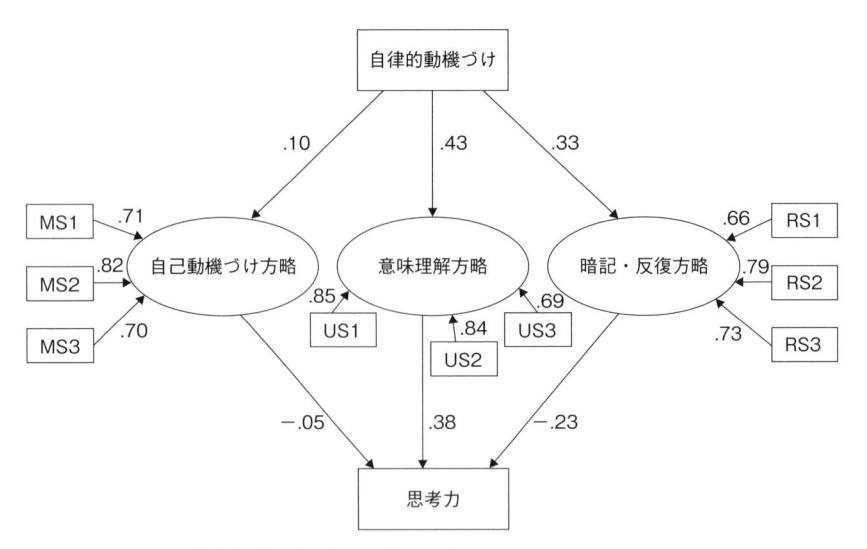

Figure 2-3 共分散構造分析結果（研究Ⅳ）（数値は標準化解で，誤差項は省略した。US，MS，RSは質問項目を示している。資料を参照のこと）

については，「意味理解方略」からのパス係数（.38）が有意傾向（$p < .10$）であった。一方，「自己動機づけ方略」からのパス係数（-.05）は有意ではなかった。意味理解方略をよく用いているものほど，思考力の成績結果が高い傾向がみられるということが明らかとなった。

◆ 考　察 ◆

予測されたように，認知活動とかかわりの深い思考力を指標として取り上げた場合，有意傾向であるが，認知的側面の自己調整学習方略の中でも意味理解方略のほうが正の関連を示していた。動機づけ的側面の自己調整学習方略は，持続性のような側面に影響を与えるが，認知的側面の自己調整学習方略は，思考力のような成果指標に対して影響を及ぼしている可能性が示唆された。暗記・反復方略は，自律的動機づけが高いものがよく使用する方略であることが示されたが，思考力を規定するものではなかった。この方略は，基礎的な学力の側面に影響を及ぼしていることも考えられ，思考力以外の成果指標を取り上げて検証を行う必要があるのかもしれない。自律的動機づけと自己動機づけ方略の間にも関連が認められなかった。動機づけが高いということと動機づけを自己調整できるということは，特に小学校段階においては，異なるものであることが考えられ，今後，さらに検証を進めていく必要があるだろう。

以上，本章での主な結果をふまえると，従来の研究では自己調整学習方略の認知的側面にのみ焦点をあてて育成や支援が試みられることが多かったが，自己調整学習方略の動機づけ的側面にも働きかけを行う必要があり，そうすることで，学習への持続性を高めたり，自己効力感が学業達成に及ぼす効果をさらに高めたりすることができるものと思われる。第3章では，発達の観点からさらに検討を進め，これらをふまえ，第4章では，実際に動機づけ的側面の自己調整学習方略の使用を促す働きかけを行い，その効果について検証を試みる。

第 3 章
発達の視点からみた自己調整学習

　本章では，発達の視点から自己調整学習の成立過程について検討する。メタ認知の観点から，児童期後期の段階で，どのような学習方略に関する知識をもち合わせ実行しているのか，それらが動機づけ関連変数とどのようにかかわっているのかについて明らかにする。また，学習方略の長期的な変化の様相とその獲得の過程について調べ，それに動機づけがどのようにかかわっているかについて明らかにする。

第1節　メタ認知の発達と自己調整学習方略の知識と使用（研究Ⅴ）

　研究Ⅴでは，児童期後期の子どもが，学習方略に関するどのような知識をもち合わせているのか，そして，それらをどの程度実行しているのかについて発達的に明らかにする。発達の視点から，知識の有無を調べたいのであるが，第2章や多くの先行研究でなされている質問紙法による尺度では，方略について知っているか否かにかかわらず，方略のリストが質問項目として提示されてしまう。すなわち，子どもがどの程度学習方略に関する知識を有しているのかを，はっきりとらえられない可能性がある。そこで，研究Ⅴでは，知識と実行を区分できるように自由記述形式で回答を求め，分析を試みることにした。

　自己調整学習の定義の中に，学習者のメタ認知的な側面が考慮され，大きな位置を占めていること，自己調整学習方略に，プランニングやモニタリングなどのメタ認知

過程が含まれていることを考えると,前提となる重要な発達的要因として,メタ認知能力をあげることができるであろう。メタ認知能力が高いものほど,より自己調整的な学習方略を有していると予想される。学習方略に関する知識と実行についての検討を行うにあたり,メタ認知との関連についてもあわせて調べることにする。

メタ認知は,1970年代のフレーベル (Flavell, J. H.) やブラウン (Brown, A. L.) の研究より,認知心理学の領域を中心に盛んに検討がなされてきた。研究者によって概念規定の仕方は異なるところがあるが,三宮 (1995) によると,メタ認知は「認知についての知識」といった知識的側面と,「認知のプロセスや状態のモニタリングおよびコントロール」といった活動的側面とに大きく分かれ,前者は「メタ認知的知識」,後者は「メタ認知的活動(経験)」と呼ばれている。教科学習領域でも,読解,作文,算数・数学の問題解決などで,メタ認知が重要な働きをしていることが示唆されてきた。

動機づけ研究と同様,メタ認知研究では,算数がよく取り上げられ,本邦では,岡本 (1991, 1992) が,小学5年生の文章題の解決過程において,算数能力に関する上位群のメタ認知と下位群のメタ認知との間に差があること,知能とメタ認知的知識という個人の発達的要因がそれぞれ異なる影響を解決過程に及ぼしていることを明らかにしている。これをふまえ,研究Vでは,メタ認知的知識と,算数における学習方略,自己効力感,内発的価値,学業成績との関連を検討することにする。高いレベルのメタ認知的知識を有しているものほど,より自己調整的な学習方略の知識をもち,それをよく使用し,学業成績も高いものと思われる。メタ認知的知識は,自己効力感と内発的価値とは,あまり関連は認められないであろう。ただし,学業成績を介することで,何らかの関連を示す可能性も考えられる。学習方略,自己効力感,内発的価値,学業成績の関係は,先行研究からすると,自律的な学習を支えるものである自己調整的な学習方略が,自己効力感,内発的価値,学業成績と深いかかわりを示すものと予測される。自己効力感と内発的価値は互いに関連をもち,ともに学業成績とも関連を示すものと推測される。研究Vでは,以上のような関係がみられるかどうかについて,小学校4年生を対象に検証する。4年生を取り上げる理由は,学習方略が5年生以下では検討されていないこと,また,発達的にみると,5年生ぐらいでメタ認知能力がかなり発達し,自覚的に課題を遂行することができるとされること(岡本,1992)による。4年生に焦点をあてた検討を行うことで,発達の観点から,自己調整学習の成立過程について重要な示唆が得られるものと考えられる。

◆ 方　法 ◆

調査対象と手続き

　神戸市内の公立小学校の 4 年生 78 名（男子 41 名，女子 37 名）を対象とした。調査は，1997 年 7 月上旬に，各担任教師によって学級ごとの集団で実施された。メタ認知質問紙に対する回答が，学習方略の自由記述に影響を及ぼす可能性が考えられたため，学習方略，自己効力感，内発的価値尺度を含む調査を先に実施した。その後，日を改めて，メタ認知質問紙による調査が実施された。

調査内容

(1) 学習方略の知識と使用

　家庭での算数の学習において，学習がうまく進むようにするためには，どのような方法があるかについて，考えつく限り自由記述による回答を求めた。次に，各自が回答した学習方略について，どれくらい使用しているか，「まったく使わない」（1 点）から「よく使う」（4 点）までの 4 件法で評定を求めた。自由記述による回答を「学習方略の知識」とし，その使用頻度の自己評定を「学習方略の使用」の指標とした。

(2) 自己効力感，内発的価値

　研究 I で作成された各 6 項目を，算数について尋ねることができるように表現を一部修正し，使用した。各項目について「まったくあてはまらない」（1 点）から「とてもよくあてはまる」（4 点）までの 4 件法で評定を求めた。

(3) メタ認知質問紙

　一般的なメタ認知的知識を測定する質問紙として，Paris & Jacobs（1984）と Swanson（1990）のメタ認知に関する質問をもとに岡本（1991）が邦訳，改訂したものを使用した。算数に関するもの 6 項目，一般的な学業課題に関するもの 6 項目の合計 12 項目からなる。岡本（1991）では，因子分析の結果，第 1 因子に .40 以上の負荷量を示した 10 項目を採用している。本研究においても，この 10 項目を用いた。メタ認知質問紙の得点化は，岡本（1991）の基準に従い，①反応なし，不適切な答え：0 点，②（a）他人などの外的要因の使用，（b）課題の困難性，（c）学習を助けるような注意を払うといった一般的な活動などを反映した適切な答え：1 点，③評価，プランニング，方略に関する答え：2 点，とした。

(4) 学業成績

　学校側の協力を得て，観点別に評定された 1 学期の算数の成績を用いた。「数学的な考え方」「表現・技能」「知識・理解」の合計得点をもって学業成績の得点とした。

◆ 結　果 ◆

学習方略の検討

　学習方略についての自由記述の内容を検討した結果，発達の様相が把握できるように，問題集，ドリル，参考書などの回答を「学習手段の利用」，ノートをしっかりとる，繰り返す，練習する，予習・復習するなどの回答を「基礎的学習方略」，親や教師に助けを求める（支援探求），間違えたところを見直す，確かめる（モニタリング），毎日の勉強時間を決める（プランニング），話をしっかり聞く（注意集中），自ら問題を作り解答するなどの回答をまとめて「自己調整学習方略」とし，これら3つのカテゴリーを基準にして分析を行うことにした[1]。カテゴリーごとの回答の有無の人数をTable 3-1 に示しておく。半数以上の子どもが「学習手段の利用」と「基礎的学習方略」について回答している。一方，「自己調整学習方略」については，36％（27名）の子どもが回答していた。

　以下の分析を進めるにあたり，空白，または，学習方略とは関係のない不適切な回答には0点を，3つのカテゴリーのいずれかに該当する回答にはその都度1点とし，それらを加算して，カテゴリーごとの「学習方略の知識」の得点とした。さらに，「ときどき使う」を1点，「よく使う」を2点として，回答ごとに「学習方略の知識」の得点に乗算し，「学習方略の使用」の得点とした。

自己効力感および内発的価値尺度の検討

　自己効力感および内発的価値尺度について主因子法による因子分析を行った結果，いずれも1因子性が確認された。各尺度について，信頼性係数（Cronbachのα）を求めたところ，自己効力感尺度で.92，内発的価値尺度で.74であり，概ね満足でき

Table 3-1　学習方略のカテゴリーごとの回答の有無（人数）

学習方略のカテゴリー	回答なし	回答あり
学習手段の利用	35	40
基礎的学習方略	27	48
自己調整学習方略	48	27

データの欠損により75名を対象としている。

---

1) 自己調整学習方略はメタ認知と深くかかわるものであり，発達とともに獲得されていくものと考えられるだろう。ここでは，自己調整的な性質が明示的でないと思われる学習方略を「基礎的学習方略」と位置づけて，自己調整学習方略に先駆するものと仮定することにした。研究Ⅵ，研究Ⅶにおいても同様である。記述内容，対象者数の問題から，ここで設定されたカテゴリーには，認知的側面と動機づけ的側面の両側面がともに含まれている。分化の過程が想定できるのかどうかについては，今後，さらなる検証が必要だろう。

Table 3-2 採用されたメタ認知の質問項目と因子負荷量

質 問 項 目	因子負荷量
・あなたはテストのとき，どんな点に注意していますか。よい点をとるためにくふうしていることがあれば書いてください。	.53
・あなたは，算数の文章題をといた後で答えをたしかめますか。（ はい　　いいえ ）また，なぜたしかめなければならないのですか。理由を書いてください。	.51
・あなたは,算数の計算問題で,まちがいやすいところに気づいていますか。（ はい　いいえ ）気づいているとすれば，それはどんなところですか。	.41
・あなたが物語を読むときは，どんなことに注意して読みますか。物語を読むときに注意していることがあれば書いてください。	.39
・すすむ君はすいり小説の本を読んで，はんにんを見つけるようにたのまれました。本の長さは約 1000 ページでした。たかし君は 100 ページのすいり小説を読んで，はんにんを見つけようとしました。どちらの少年の方がはんにんを見つけるのがむつかしいでしょうか。（ すすむ　　たかし ）また，それはなぜですか。理由を書いてください。	.26

る値を得た。

メタ認知質問紙の検討

　メタ認知質問紙の採点結果について主因子法による因子分析を行った。固有値の減衰状況および因子の解釈可能性を検討した結果，岡本（1991）と同様の 1 因子を抽出した。因子負荷量が .25 以上の 5 項目を採用し，これらの合計得点をもってメタ認知的知識の得点とした。信頼性係数（Cronbach の α ）は .52 であった。項目数が半減したために値は低めになっている。採用された 5 項目および因子負荷量を Table 3-2 に示す。

学習方略，自己効力感，内発的価値，メタ認知的知識，学業成績の関連

　学習方略の知識と使用，自己効力感，内発的価値，メタ認知的知識，学業成績の間の相関係数を Table 3-3 に示す。まず，学習方略の各カテゴリー間の関係をみてみると，「学習手段の利用」の知識は，「基礎的学習方略」の知識と使用，「自己調整学習方略」の使用と有意な負の相関を示し，「自己調整学習方略」の知識とは有意傾向であるが負の相関を示した。「学習手段の利用」の使用は，「基礎的学習方略」の知識と使用の両方と有意な負の相関を示していた。一方，「基礎的学習方略」の使用と「自己調整学習方略」の使用の間には有意な正の相関が示された。また，学習方略の各カテゴリーの知識と使用の間には，それぞれ有意な正の相関が認められた。

Table 3-3 学習方略，自己効力感，内発的価値，メタ認知的知識，学業成績の相関

			(2)	(3)	(4)	(5)	(6)	(7)	(8)	(9)	(10)
(1)	学習手段の利用	（知識）	−.38**	−.21†	.84**	−.29*	−.23*	−.02	.17	−.20†	−.04
(2)	基礎的学習方略	（知識）	—	.06	−.37**	.70**	.11	−.04	−.06	−.03	−.07
(3)	自己調整学習方略	（知識）		—	−.18	.16	.89**	.06	.11	.25*	.17
(4)	学習手段の利用	（使用）			—	−.31**	−.17	.10	.20†	−.07	.02
(5)	基礎的学習方略	（使用）				—	.27*	.08	.16	.01	−.12
(6)	自己調整学習方略	（使用）					—	.13	.10	.22†	.18
(7)	自己効力感							—	.51**	.09	.41**
(8)	内発的価値								—	.20†	.11
(9)	メタ認知的知識									—	.29*
(10)	学業成績										—

† $p < .10$, * $p < .05$, ** $p < .01$

　自己効力感は，内発的価値および学業成績と有意な正の相関を示した。内発的価値は，「学習手段の利用」の使用およびメタ認知的知識とそれぞれ有意傾向であるが正の相関がみうけられた。メタ認知的知識は，「学習手段の利用」の知識と有意傾向であるが負の相関，「自己調整学習方略」の知識と正の相関，「自己調整学習方略」の使用とは有意傾向であるが正の相関，学業成績とは正の相関がみられている。

◆ 考　察 ◆

学習方略の知識と使用

　小学4年生に，どの程度の学習方略の知識をもち合わせているのかについて自由記述を求めた結果，問題集，ドリルなどの「学習手段の利用」，ノートをしっかりとることや，予習・復習をするなどの「基礎的学習方略」を過半数の子どもが回答していた。「学習手段の利用」のように学習方略とするには未熟な知識とその使用を示す子どももいれば，「基礎的学習方略」のような知識とその使用を示す子どもがいることが示唆された。「学習手段の利用」と「基礎的学習方略」の間には負の関係がみうけられ，「学習手段の利用」の知識と使用が少ない子どもほど，「基礎的学習方略」の知識や使用が多かった。

　4年生が「自己調整学習方略」を有しているのかどうかについては，親や教師に助けを求める（支援探求），間違えたところを見直す，確かめる（モニタリング），毎日の勉強時間を決める（プランニング），話をしっかり聞く（注意集中），自ら問題を作り解答するなどの回答を36％の子どもが示していたことから，子どもによっては，自己調整学習方略の知識をもち，使用している可能性が示唆された。ただし，回答内

容には若干の偏りがみられ，支援探求を指摘する子どもが多くみうけられた。4 年生の時点では，学習方略に多様性がみられるとは言い難く，学年を経るとともに，質的に豊かなものになっていく可能性が考えられる。

　「自己調整学習方略」に関する相関結果をみると，「学習手段の利用」をよく回答している子どもほど「自己調整学習方略」の知識が乏しい傾向にあり，その使用頻度は少なかった。「自己調整学習方略」をよく使用している子どもほど，「基礎的学習方略」をよく使用していた。質的にみて，「学習手段の利用」と「基礎的学習方略」「自己調整学習方略」とを区別することができるであろう。このことから何を使って学習するのかということと，どうやって学習するのかということの違いがあることが示唆された。

学習方略，自己効力感，内発的価値，メタ認知的知識，学業成績の関連

　相関を調べた結果から，メタ認知的知識の得点が高い子どもほど，「自己調整学習方略」の知識があり，それをよく用いる傾向があることが明らかとなった。一方，メタ認知的知識と「基礎的学習方略」の間には何ら関連は認められず，メタ認知的知識と「学習手段の利用」の知識の間には有意傾向であるが負の関係が示唆された。メタ認知的知識を有している子どもは，自己調整的に学習を進めている可能性があり，メタ認知的知識が十分でない子どもは，学習にあたって，いかに進めていくかということよりも，何を使って行っていくかということにしか目が向かない傾向にあるといえよう。「基礎的学習方略」に関しては，例えば，ノートをしっかりとるというようなことは，日常的に教師から強調され指導されているものであり，メタ認知とは関係なく，習慣化している可能性があるだろう。そして，メタ認知的知識と学業成績との間に正の相関が認められたことは，岡本（1992）の結果を裏づけるものである。文章題という個別的な課題レベルだけでなく，算数の学業成績に対しても，メタ認知のもつ役割が示された。

　予測されたように，自己効力感は，学業成績と正の相関を示した。内発的価値との間に正の相関が示されたのも，先行研究と一致する結果ではある。しかし，自己調整学習方略と自己効力感，内発的価値との間には，何ら関連は認められなかった。中学生を対象とした先行研究では，自己効力感と学習方略の使用の間に関連が示されているが，小学生においては，このようなつながりはみられず，それぞれが独立して遂行を規定している可能性が考えられるかもしれない。すなわち，小学生においては，学習の過程（学習方略の使用）ではなく，より明示的な学習の結果（学業成績）をもとに，効力判断がなされる傾向にあるのではなかろうか。実際，学業成績として「知識・理解」の観点のみを取り上げた場合，「自己調整学習方略」の使用との間に有意

な正の相関（$r = .24$, $p < .05$）が示されており，学習方略の使用が学業成績に結びつき，自己効力感も学業成績に結びついているにもかかわらず，自己効力感と学習方略の間には関連は認められなかった。

内発的価値については，メタ認知的知識との間に有意傾向であるが正の相関がみられた。これは予測されなかった結果ではあるが，メタ認知的知識を有している子どもは，課題の価値やおもしろさを認知する能力に長けているのかもしれない。内発的価値は「学習手段の利用」の使用とも有意傾向であるが正の相関を示しており，この点も含め，今後，検討が必要だろう。

以上，研究Ⅴでは，自己調整学習方略に関する知識の有無やその使用について，自由記述による回答方式を用い，調査を行った。対象者の年齢を考慮すれば，回答結果に言語能力や表現力の個人差の影響が及んでいる可能性が考えられ，今後，これらの要因をふまえた検討が必要だろう。また，ここでは，どの学年段階から自己調整学習が成立しうるのかについて探るという意味で，4年生を対象とした検討を行ったが，小学校，中学校，高校と学校段階が進むに従い，学習方略がどのように獲得されていき，また，どのような過程を経て自己調整的なものに変化していくのか，明らかにしていく必要があるだろう。研究Ⅵ，研究Ⅶでは，そのような長期的な視点に立った発達上の検討を行うこととする。

第2節　発達段階と自己調整学習方略の獲得

1. 自己調整学習方略を獲得した時期，リソース，様式に関する検討（研究Ⅵ）

研究Ⅵでは，自己調整学習方略の獲得の過程とその長期的な変化の様相を明らかにするため，具体的には，どのような学習方略を，いつ，誰から，どのようにして獲得し，どの程度それらを使用していたのかについて自由記述形式を主とした回顧的調査を行う。その際，他者から獲得したものと自ら獲得したものを区別した。それは，獲得を外側から支援したほうがよい学習方略と，自ら獲得すべき学習方略には，それぞれどのようなものがあり，それらの間にはどのような違いがみられるのかを検討するためである。さらに，学習経験によって学習方略のレベルが異なってくることが考えられるため，4年制大学生と短期大学生を対象に，両者の間に違いがみられるかどうかについてもあわせて検証した。

◆ 方 法 ◆

調査対象と手続き

　兵庫県内の国立4年制大学の1年生99名，2年生6名，3年生4名，私立短期大学2校の1年生203名，2年生11名に対し調査を実施した。分析には，回答に不備のあったものと21歳以上のものを除き，全体で1年生284名（男性27名，女性257名），2年生16名（男性4名，女性12名）の，計300名を対象とした。調査は，2001年6月下旬に，講義時間内に一斉に実施し，調査票はその場で回収した。回答は各自のペースで行われ，所要時間は約30分であった。

調査内容

(1) 他者から獲得した学習方略

　勉強をうまく進めるための方法や工夫について，人から教えてもらったもので，特に役に立つと思えるものを順に3つ具体的にあげてもらった。また，どのようにして教えてもらったかについて具体的に説明を求め，その時期については「小学校」「中学校」「高校」の3つの選択肢の中から，リソースについては「学校の先生」「塾の先生」「母親」「父親」「姉や兄」「友人」「参考書などの本」「その他（自由記述）」の8つの選択肢の中から回答を求めた。さらに，使用頻度について「ときどき使っていた」（1点），「よく使っていた」（2点），「とてもよく使っていた」（3点）の3件法で評定を求めた。

(2) 自ら獲得した学習方略

　勉強をうまく進めるための方法や工夫について，自分で考え出したもので，特に役に立つと思えるものを順に3つ具体的にあげてもらった。また，どのようにして考え出したかについて具体的に説明を求め，その時期については「小学校」「中学校」「高校」の3つの選択肢の中から回答を求めた。さらに，使用頻度については「ときどき使っていた」（1点），「よく使っていた」（2点），「とてもよく使っていた」（3点）の3件法で評定を求めた。

◆ 結 果 ◆

学習方略の分類

　研究Vの分類に基づき，Table 3-4に示す4つのカテゴリーを設定した。第1のカテゴリーは，例えば，一夜漬けなど，一時的な効果はあるかもしれないが，学習方略としては適応的とはいえないものであり，これを「不適応的学習方略」とした。ただし，このカテゴリーの該当者はわずかであり（7名），以下の分析からは除くことにした。第2のカテゴリーは，学習方略として具体性を欠くものであり，「抽象的学習

Table 3-4　学習方略の 4 つのカテゴリーとその回答例

カテゴリー	カテゴリーに含まれる回答例
不適応的	・一夜漬け　・丸暗記
抽象的	・予習・復習をしっかりする。　・宿題をきちんとやる。 ・授業中，よく先生の話を聞く。
基礎的	・同じ問題を繰り返し解く。　・何度も書くことで覚える。 ・口に出しながら覚える。　・語呂合わせで覚えやすくする。 ・覚えたい内容を色ペンで書いたり線を引いたりする。 ・要点をまとめた自分のノートを作る。
自己調整	・わからない問題をじっくり考えて，なぜわからなかったかを考える。 ・自分でテスト問題を作ってみて，自分で模範解答も作って直前に解く。 ・自分の目標ややるべきことを紙に書いて，見えるところに置いて勉強する。 ・いつまでにどれだけやるという予定を立てる。 ・自分で自分の成果をほめる。 ・自分の生活上の身近なことと関連させて考える。

Table 3-5　学習方略をどのようにして他者から獲得したかについての各カテゴリーの回答例と人数

カテゴリー	カテゴリーに含まれる回答例	4大生	短大生	計
口頭での注意や忠告	・〜するように注意された。 ・〜するのがよいと言われた。	21	40	61
授業などの一斉指導	・授業中に／HRで／学年集会の時に，先生から教えてもらった。	21	26	47
実践を伴った指導	・実際に行って教えてもらった。	9	18	27
質問・相談	・質問して／相談して，教えてもらった。	8	14	22
モデリング	・クラスの皆が使っていたのを見て。 ・友だちがやっていたのをまねした。	5	11	16
書かれたもの	・本に書いてあった。 ・合格の体験記を読んだ。	2	1	3
その他	・ことわざから。　・なりゆき	1	1	2

方略」とした。第 3 は，ノートのまとめ方，繰り返すなどの学習方略であり，「基礎的学習方略」とした。第 4 は，自己点検，環境構成，プランニング，目標設定，自作問題，注意集中，時間管理，協同学習などの学習方略であり，これらを「自己調整学習方略」とした。

どのようにして他者から獲得したか

　学習方略をどのようにして他者から獲得したかについての自由記述の回答を分類した結果を Table 3-5 に示す。6つのカテゴリーが見いだされ，「口頭での注意や忠告」によって獲得したとする人が 61 名で最も多く，次いで「授業などの一斉指導」によって獲得したとする回答が多くみられ 47 名であった。これらに対し，学習方略の獲得をより確かなものにすると考えられる「実践を伴った指導」は 27 名に過ぎず，口頭によるものに比べて少なかった。このことから，組織的，計画的で，実効性のある学習方略の指導が十分になされているとは言い難い。また，「質問・相談」や「モデリング」のような獲得方法も相対的に少なく，それぞれ順に 22 名と 16 名が回答していた。学校教育場面において積極的に質問を受けつけたり，学習方略の使用を実演してみせたりするような状況がもっとあってよいと思われる。

どのようにして自ら獲得したか

　学習方略をどのようにして自ら獲得したかについての自由記述の回答を分類した結果を Table 3-6 に示す。8つのカテゴリーが見いだされ，「経験・実体験」によって獲得したとする人が最も多く 58 名であった。自分でいろいろと学習方略を試行錯誤したり，その効果を実感したりすることで，はじめて自分自身の学習方略として身についていくものと思われる。次に多くみられたのは，「問題解決，困難の克服」と「有効性の認識」でそれぞれ順に 34 名，29 名であった。学習上の問題や困難な状況に対して取り組む中で学習方略を見いだしたり，効果的であるとの考えから学習方略を使いはじめたりすることで，学習方略を自ら獲得している実態がうかがえる。これらに対して，「無意識」(21 名) のように，どうやって学習方略を身につけたのかについて説明のつかない場合や，「偶発性」(13 名) のように，たまたま学習方略を思いついたというような回答もいくらかみられた。そうするより仕方がないという「苦肉の策」(11 名) によって獲得した学習方略もみられ，これについては，どの程度効果があるかの検討が必要かもしれない。少数ではあるが，「模倣」(9 名) によって学習方略を考え出したり，「応用・開発」(2 名) によって学習方略を創り出したりしたというものもいた。

学習方略の獲得の仕方による差異

　他者から獲得した学習方略と自ら獲得した学習方略のカテゴリー別人数をまとめて Table 3-7 に示す。他者から獲得した学習方略について，χ^2 検定を行った結果，偏りが有意であり（$\chi^2(2) = 104.64$, $p < .01$），「基礎的学習方略」が多く，「抽象的学習方略」と「自己調整学習方略」が少なかった。自ら獲得した学習方略についても，χ^2 検定を行った結果，偏りが有意であり（$\chi^2(2) = 82.23$, $p < .01$），「基礎的学習方略」

Table 3-6 学習方略をどのようにして自ら獲得したかについての各カテゴリーの回答例と人数

カテゴリー	カテゴリーに含まれる回答例	4大生	短大生	計
経験・実体験	・〜するとよく覚えられた経験から。 ・便利だと実体験として感じた。 ・いろいろ試した結果，自分に合っていた。	20	38	58
問題解決，困難の克服	・勉強が嫌いだったので，〜できるようにした。 ・少しでも勉強を楽しくしようと思ったから。 ・集中力がすぐに切れてしまうので，どうしても 　それを持続させたかった。	16	18	34
有効性の認識	・〜したほうがよいと思ったから。 ・できそうな気がした。 ・覚えやすいと思って。 ・勉強の合間の時間を有効利用しようと思って。	12	17	29
無意識	・いつのまにかそうしていた。 ・自然に身についた。 ・なんとなく自然にやっていた。	8	13	21
偶発性	・ふと思いついた。 ・たまたまそうしていたらやりやすかった。	4	9	13
苦肉の策	・そうするしかなかった。 ・しょうがなく。	6	5	11
模倣	・友人／教材をまねして。	3	6	9
応用・開発	・スポーツの時にすることを勉強でも使えると 　思った。 ・今までの勉強法を生かした。	0	2	2
その他		0	4	4

その他は，単に学習方略の内容を説明した回答など，分類できないもの。

が多く，「抽象的学習方略」が少なかった。

　他者から獲得した学習方略と自ら獲得した学習方略の学校段階別人数をまとめてTable 3-8に示す。他者から獲得した学習方略について，χ^2検定の結果，偏りは有意でなかった。一方，自ら獲得した学習方略については，偏りが有意であった（$\chi^2(2)$ = 65.48, $p < .01$）。学習方略を他者から獲得した時期は，小・中・高でほぼ同程度であるが，自ら獲得した時期は，小学校が少なく，中学校と高校が多くなっている。

　学習方略を他者から獲得したのか，自ら獲得したのかによって，使用頻度に違いがみられるのかどうかを検討するために，対応のあるt検定を行った。その結果，自ら獲得した学習方略の使用頻度（$n = 215$, $M = 2.48$, $SD = 0.66$）が，他者から獲得した

Table 3-7 他者から獲得した学習方略と自ら獲得した学習方略のカテゴリー別人数

	抽象的	基礎的	自己調整	計
他者から獲得	44（17.39）	161（63.64）	48（18.97）	253
自ら獲得	16（ 6.78）	127（53.81）	93（39.41）	236

「不適応的」の7名を除く。（　）内は％。

Table 3-8 他者から獲得した学習方略と自ら獲得した学習方略の学校段階別人数

	小学校	中学校	高校	計
他者から獲得	79（32.51）	92（37.86）	72（29.63）	243
自ら獲得	21（ 9.09）	118（51.08）	92（39.83）	231

「不適応的」の7名を除く。（　）内は％。

Table 3-9 4年制大学生と短期大学生の他者から獲得した学習方略のカテゴリー別人数

	抽象的	基礎的	自己調整	計
4年制大学生	14（ 0.03）	45（−1.66†）	21（ 2.01**）	80
短期大学生	30（−0.03）	116（ 1.66†）	27（−2.01**）	173

†$p < .10$, **$p < .01$
（　）内は調整済み残差。

学習方略の使用頻度（$n = 215$, $M = 2.04$, $SD = 0.78$）よりも有意に高かった（$t(214) = 6.65$, $p < .01$）。他人から教えてもらった学習方略よりも、自分で考え出した学習方略のほうがよく使用されているといえる。

4年制大学生と短期大学生の差異

　4年制大学生と短期大学生における他者から獲得した学習方略のカテゴリー別人数をTable 3-9に示す。χ^2検定の結果，偏りは有意ではなかったが，人数をみると「自己調整学習方略」で4年制大学生が多く，短期大学生は少ない傾向にあった。

　4年制大学生と短期大学生における自ら獲得した学習方略のカテゴリー別人数をTable 3-10に示す。χ^2検定の結果，偏りは有意であった（$\chi^2(2) = 11.52$, $p < .01$）。残差分析を行ったところ，4年制大学生で「基礎的学習方略」が少なく「自己調整学習方略」が多かった。一方，短期大学生では「基礎的学習方略」が多く「自己調整学習方略」が少なかった。

Table 3-10　4年制大学生と短期大学生の自ら獲得した学習方略のカテゴリー別人数

	抽象的	基礎的	自己調整	計
4年制大学生	5（ 0.20）	31（−3.19**）	43（ 3.35**）	79
短期大学生	11（−0.20）	96（ 3.19**）	50（−3.35**）	157

**$p < .01$
（　）内は調整済み残差。「不適応的」の7名を除く。

Table 3-11　各学校段階における他者から獲得した学習方略のカテゴリー別人数

	抽象的	基礎的	自己調整	計
小学校	22（ 3.48**）	47（−1.16）	10（−1.83†）	79
中学校	9（−2.08*）	63（ 0.98）	20（ 0.74 ）	92
高　校	8（−1.36 ）	47（ 0.14）	17（ 1.09 ）	72

† $p < .10$, *$p < .05$, **$p < .01$
（　）内は調整済み残差。

Table 3-12　各学校段階における自ら獲得した学習方略のカテゴリー別人数

	抽象的	基礎的	自己調整	計
小学校	5（ 3.43**）	8（−1.28）	7（−0.45）	20
中学校	7（−0.34 ）	63（ 0.52）	44（−0.35）	114
高　校	3（−1.65†）	49（ 0.21）	38（ 0.62）	90

† $p < .10$, **$p < .01$
（　）内は調整済み残差。「不適応的」の7名を除く。

Table 3-13　各学校段階における学習方略のリソース別人数

	学校の先生	塾の先生	母　親	友　人	計
小学校	30（−0.31）	11（−1.07）	20（ 4.29**）	1（−3.00**）	62
中学校	35（−0.73）	20（ 1.11）	9（−1.15 ）	11（ 1.00 ）	75
高　校	33（ 1.09）	13（−0.09）	2（−3.13**）	11（ 1.97*）	59

*$p < .05$, **$p < .01$
（　）内は調整済み残差。「父親」4名,「姉や兄」10名,「参考書などの本」6名,「その他」7名を除く。

第３章　発達の視点からみた自己調整学習

学校段階による差異

　各学校段階における他者から獲得した学習方略のカテゴリー別人数を Table 3-11 に示す。χ^2 検定の結果，偏りは有意であった（$\chi^2(4) = 13.51, p < .01$）。そこで，残差分析を行ったところ，「抽象的学習方略」が，小学校で多く，中学校では少なかった。

　各学校段階における自ら獲得した学習方略のカテゴリー別人数を Table 3-12 に示す。χ^2 検定の結果，偏りは有意であった（$\chi^2(4) = 12.63, p < .05$）。残差分析を行ったところ，小学校で「抽象的学習方略」が多かった。

　各学校段階における学習方略のリソース別人数を Table 3-13 に示す。χ^2 検定の結果，偏りは有意であった（$\chi^2(6) = 27.24, p < .01$）。残差分析を行ったところ，小学校で「母親」が多く「友人」が少なかった。一方，高校では「母親」が少なく「友人」が多かった。学習方略を獲得するリソースが，発達とともに母親から友人へと移行していくことが明らかになった。また，人数の絶対数からみれば，学校の教師は，小・中・高のすべての段階で重要なリソースとなっていることがうかがえる。

◆　考　察　◆

　まず，学習方略をどのようにして獲得したかについて検討した結果，他者からは「口頭での注意や忠告」や「授業などの一斉指導」によるものが多く，「実践を伴った指導」のように実際の使用を通して学習方略を獲得したという人はあまり多くはなかった。一方，自ら獲得した学習方略については，「経験・実体験」「問題解決，困難の克服」「有効性の認識」によるものが多かった。教育場面において，自ら学習方略を使用することで，その効果を実体験したり，問題の解決に役立てたり，有効性の認識を高めたりできるような組織的，計画的な学習方略支援がもっとなされてもよいのではないかと考えられる。第４章では，そのような実践的な試みを実際に行い，支援のあり方，有効性についてさらなる検討を行う。

　獲得の仕方による学習方略の内容の違いについてみたところ，「基礎的学習方略」は他者から，そして，自らも獲得しており，回答者の大半を占めていた。人数の割合から，どちらかというと，「抽象的学習方略」は他者から，「自己調整学習方略」は自ら獲得する人が多かった。時期でみると，小・中・高とほぼ一定の割合で他者から学習方略が獲得されているが，自ら獲得するようになるのは，中学校から高校にかけてであるといえるだろう。加えて，他者から獲得した学習方略よりも，自ら獲得した学習方略のほうがより多く使用されていることも明らかとなった。長期的な視点でみると，学校段階が進むに従い，より自己調整的な学習方略を自ら獲得するようになり，それらをよく使用するようになるという様相が明らかとなり，これはメタ認知研究の

知見とも符合した結果といえるだろう。このようなプロセスを促進するためには，児童期後期の段階の子どもを対象にした支援が求められると考えてよい。

　学習経験の豊かさによって学習方略の内容に違いがみられるかどうか検討するために，4年制大学生と短期大学生とを比較したところ，自ら獲得した学習方略において，4年制大学生は「自己調整学習方略」が，短期大学生は「基礎的学習方略」が多かった。両者の学力の違いを考慮すれば，「自己調整学習方略」のほうが学習方略のレベルとして高いものと思われる。学習経験の豊かさによって学習方略が洗練されていく可能性が示唆された。

　小・中・高の学校段階ごとに，獲得される学習方略の内容をみると，小学校で「抽象的学習方略」が多いことが明らかとなった。リソースとしては，小学校で「母親」が多く「友人」が少ないが，高校では「母親」が少なく「友人」が多かった。学校の教師は，一貫して重要なリソースになっていた。ここでも，学校教育場面，特に小学校段階において，より自己調整的な学習方略の獲得を促す働きかけが求められ，また，その働きかけが有効でありうる可能性が示唆された。

2. 自己調整学習方略の獲得と動機づけ（研究Ⅶ）

　研究Ⅶでは，自己調整学習方略の獲得に動機づけがどのようにかかわっているのかについて明らかにする。4年制大学生と短期大学生で，獲得される学習方略とその使用程度に違いがみられるかについて，新たな指標でもって再確認を行い，動機づけにおいても差がみられるのかどうかを調べることにした。その際，動機づけの質的な違いが明確となるように，連続体としての動機づけの分類を取り上げることにした。また，自ら獲得した学習方略，他者から獲得した学習方略と動機づけとのつながりについても検証を行い，自己調整学習方略を獲得し，よく用いている人が，動機づけの面でも高い自律性を示しているのかどうかを明らかにすることにした。他者からというよりも，自ら「自己調整学習方略」を獲得し，それをよく用いている人ほど，内発的動機づけが高く外発的な動機づけは低いものと予測される。研究Ⅵでは，自由記述による回答をもとに検討を行ったが，測定法としての問題も考えられるため，ここでは，研究Ⅰで作成した自己評定方式による学習方略尺度との関連について調べることで，「抽象的学習方略」「基礎的学習方略」「自己調整学習方略」のカテゴリーによる学習方略の測度の妥当性についても，あわせて検証することにした。

◆ 方　法 ◆

調査対象と手続き

　研究Ⅵの調査と同時に実施した。回答に不備のあったものと21歳以上のものを除き，全体で1年生202名（男性18名，女性184名），2年生7名（男性2名，女性5名）の，計209名を分析の対象とした。

調査内容

(1) 他者から獲得した学習方略

　研究Ⅵと同様である。勉強をうまく進めるための方法や工夫について，人から教えてもらったもので，特に役に立つと思えるものを順に3つ具体的にあげてもらった。以下の分析では，回答率の高さから1つ目にあげられた方略のみを取り上げた。

(2) 自ら獲得した学習方略

　研究Ⅵと同様であり，勉強をうまく進めるための方法や工夫について，自分で考え出したもので，特に役に立つと思えるものを順に3つ具体的にあげてもらった。分析には1つ目にあげられた方略のみを取り上げた。

(3) 4種類の動機づけ尺度

　速水ら（1996）による外的動機づけ，取り入れ的動機づけ，同一化的動機づけ，内発的動機づけを測定する尺度（各7項目）を用い，高校までの5教科の勉強について「どんな時もあてはまらない」（1点）から「いつもあてはまる」（5点）までの5件法で評定を求めた。

(4) 自己評定方式による学習方略尺度

　研究Ⅰで作成した学習方略尺度を用いた。高校までの5教科の勉強のことを思い出してもらい，その使用程度を「まったくあてはまらない」（1点）から「とてもよくあてはまる」（6点）までの6件法で評定を求めた。

◆ 結果と考察 ◆

カテゴリーによる学習方略の測度

　まず，他者から獲得した学習方略と自ら獲得した学習方略の回答それぞれについて，「抽象的学習方略」「基礎的学習方略」「自己調整学習方略」のカテゴリーの水準に基づき，順に0点から2点の得点を与えた。さらに，その使用頻度について，高い順に3点から1点の得点を与え，両者の得点を乗算したものをカテゴリーによる学習方略測度の得点とした。したがって，最高点の6点に近づくほど，より自己調整的な学習方略を獲得し，それをよく用いていることになる。研究Ⅶでは，この得点を使用程度を加味した学習方略の新たな指標とした。

Table 3-14　4種類の動機づけ下位尺度間の相関

	取り入れ的	同一化的	内発的
外　的	.52**	.01	−.07
取り入れ的		.34**	.29**
同一化的			.64**

**$p < .01$

Table 3-15　全体および大学別の学習方略と動機づけの平均値（標準偏差）

	全体 (n =209)	4大生 (n =71)	短大生 (n =138)	t値
自ら獲得した学習方略	3.33 (1.75)	3.77 (1.79)	3.11 (1.69)	2.64**
他者から獲得した学習方略	2.12 (1.59)	2.31 (1.73)	2.03 (1.51)	1.21
学習方略尺度	3.81 (.58)	3.97 (.53)	3.72 (.59)	2.95**
外的動機づけ	2.86 (.68)	2.63 (.64)	2.97 (.68)	−3.51**
取り入れ的動機づけ	2.90 (.71)	2.85 (.68)	2.93 (.72)	− .72
同一化的動機づけ	3.07 (.79)	3.02 (.71)	3.10 (.83)	− .71
内発的動機づけ	3.29 (.80)	3.51 (.79)	3.18 (.79)	2.86**

*$p < .05$, **$p < .01$

4種類の動機づけ尺度と学習方略尺度

　4種類の動機づけ尺度について，速水ら（1996）に従い，信頼性係数（Cronbachのα）をみたところ，外的動機づけで.67，取り入れ的動機づけで.72，同一化的動機づけで.84，内発的動機づけで.87の値が得られた。外的動機づけが若干低いが，概ね満足できる値であった。これらの下位尺度間の相関係数を算出したところ，概念的に隣接する動機づけの間により高い正の相関を示すシンプレクス構造が確認された（Table 3-14）。

　自己評定方式による学習方略尺度についても，信頼性係数（Cronbachのα）は.76であり，概ね満足できる値であった。

4年制大学生と短期大学生の差異

　まず，本研究で取り上げたカテゴリーによる学習方略の測度，学習方略尺度，4種類の動機づけ尺度について，4年制大学生と短期大学生との間に差異がみられるのかどうか，t検定を行った。結果を Table 3-15 に示す。

　研究Ⅵでのχ^2検定による結果と同様に，カテゴリーの水準と使用頻度を掛け合わせた本研究での新たな指標においても，4年制大学生のほうが，「自己調整学習方略」

Table 3-16　カテゴリーによる学習方略の測度と学習方略尺度との相関

	自ら獲得した学習方略	他者から獲得した学習方略
学習方略尺度	.14*	.20**
自ら獲得した学習方略		.22**

*p < .05, **p < .01

を自ら獲得し，より多く用いていることが示された（t（207）＝2.64, p < .01）。他者から獲得した学習方略については，数値の上では4年制大学生のほうが若干高くなっているが，有意な差はみられなかった。自己評定方式による学習方略尺度については，両者の間に有意差がみられ（t（207）＝2.95, p < .01），4年制大学生のほうが高いことが示された。研究Ⅵの自由記述による回答方式と本研究で用いた自己評定方式による尺度のいずれにおいても，短期大学生よりも4年制大学生のほうが，より洗練された学習方略をよく使用していることが明らかとなった。このことは，カテゴリーによる学習方略の測度の妥当性を示すものともいえる。

動機づけ尺度については，外的動機づけと内発的動機づけにおいて有意差がみられ（順に，t（207）＝－3.51, p < .01；t（207）＝2.86, p < .01），内発的動機づけは4年制大学生のほうが高く，外的動機づけは短期大学生のほうが高い結果となった。学業達成レベルが高いと考えられる4年制大学生のほうが，行動自体に内在するおもしろさや楽しさにより動機づけられ，自己決定的に学習を進めていることが示された。一方，短期大学生は，他者からの評価や賞罰のような外的な力によって学習行動をとっており，動機づけの面でも自律性が高いとはいえなかった。取り入れ的動機づけと同一化的動機づけには有意差はみられなかった。

カテゴリーによる学習方略の測度と学習方略尺度との関連

「抽象的学習方略」「基礎的学習方略」「自己調整学習方略」のカテゴリーの水準と使用頻度を掛け合わせて新たな指標とした学習方略の測度の妥当性について検証するために，学習方略尺度との相関係数を算出した（Table 3-16）。

その結果，学習方略尺度と自ら獲得した学習方略の測度との間に高くはないが有意な正の相関を示し（r＝.14, p < .05），学習方略尺度と他者から獲得した学習方略との間にも有意な正の相関を示した（r＝.20, p < .01）。自由記述による回答方式と自己評定方式による尺度とは測定方法が異なるために値は高くはないが，両者の間に有意な正の相関が示され，カテゴリーによる学習方略の測度の一定の妥当性を示す結果といえるだろう。

また，自ら獲得した学習方略と他者から獲得した学習方略との間の相関をみたとこ

Table 3-17　学習方略を基準変数とする動機づけの重回帰分析結果（標準偏回帰係数）

説明変数	自ら獲得した学習方略			他者から獲得した学習方略		
	全体 (n=209)	4大生 (n=71)	短大生 (n=138)	全体 (n=209)	4大生 (n=71)	短大生 (n=138)
外　的	−.26**	−.09	−.34**	−.11	−.00	−.17
取り入れ的	.03	−.19	.18	−.01	−.05	.03
同一化的	−.09	−.18	−.06	−.16	−.17	−.17
内発的	.22*	.42*	.09	.15	.21	.11
重相関係数	.32**	.37*	.30*	.18	.15	.19

*$p < .05$, **$p < .01$.

ろ，有意な正の相関を示し（$r = .22$, $p < .01$），他者から「自己調整学習方略」を獲得し，よく使用している人は，自らも「自己調整学習方略」を獲得し，よく使用していることが示された。

学習方略と動機づけとの関連

　どのような動機づけが学習方略の獲得とその使用を規定しているのかを検討するために，外的，取り入れ的，同一化的，内発的という4種類の動機づけを説明変数とし，自ら獲得した学習方略と他者から獲得した学習方略をそれぞれ基準変数とする重回帰分析を行った。その結果を Table 3-17 に示す。

　まず，4年制大学生と短期大学生を合わせて分析した結果，自ら獲得した学習方略は，外的動機づけと負の関連を示し（$\beta = -.26$, $p < .01$），内発的動機づけと正の関連を示していた（$\beta = .22$, $p < .05$）。大学別でみた場合，4年制大学生では，内発的動機づけのみが正の関連を示し（$\beta = .42$, $p < .05$），短期大学生では，外的動機づけのみが負の関連を示していた（$\beta = -.34$, $p < .01$）。一方，他者から獲得した学習方略についての分析結果は，全体，4年制大学生，短期大学生のいずれについても有意差はみられなかった。

　予測されたように，自己調整学習方略をよく用いている人が，動機づけの面でも高い自律性を示していることが明らかとなった。他者からではなく，自ら「自己調整学習方略」を獲得し，それをよく用いている人ほど，内発的動機づけが高く，外的動機づけは低くなっていた。大学別でみると，特に4年制大学生では，内発的動機づけが高いことが自己調整的な学習方略の獲得とその使用につながっているが，短期大学生では，外的動機づけが低いことが学習方略の利用につながっており，自律的ではなくむしろ消極的な姿勢で学習に取り組んでいることが推察される。これには，学業成績などの結果ともかかわっているものと思われる。4年制大学生の場合，自己調整的な

学習方略の使用が学力の向上へとつながっており、そのことが学習の楽しさや興味を高め、さらに、学習方略の利用を促していることが考えられるだろう。

◆ まとめ ◆

「抽象的学習方略」「基礎的学習方略」「自己調整学習方略」のカテゴリーの水準とその使用頻度とを掛け合わせた新たな指標でもって、4年制大学生と短期大学生で差異を検討したところ、他者から獲得した学習方略については有意な差はみられず、自ら獲得した学習方略において有意差が認められた。すなわち、4年制大学生のほうが、自ら「自己調整学習方略」を獲得し、より多く用いていることが明らかとなった。自己評定方式の学習方略尺度でも、同様の結果が得られた。豊かな学習経験を重ねることで、自己調整的な学習方略を自ら身につけるようになり、それをよく用いるようになることが、2種類の測定方法によって示された。さらに、動機づけについても、4年制大学生と短期大学生の間に違いがみられ、4年制大学生のほうが自律的な動機づけが高かった。また、学習方略と動機づけとのつながりについて全体として分析を行った結果は、予測されたように、自ら自己調整的な学習方略を獲得し、それをよく用いている人は、内発的動機づけが高く外的動機づけは低かった。すなわち、自己調整学習方略をよく用いている人が、動機づけの面でも高い自律性を示していることが明らかとなった。その一方で、動機づけは、学習方略を他者から獲得して利用することとは何ら関連がみられなかった。これは、他者から獲得した学習方略が動機づけにつながっていないということを示しているが、見方を変えれば、動機づけの高低にかかわらず、他者からの働きかけによって学習方略の獲得とその使用を促す可能性があるものと解釈することもできるだろう。しかし、研究Ⅵでは、小学校、中学校、高校とほぼ一貫して他者から学習方略が獲得されているが、自ら獲得するようになるのは、中学校から高校にかけてであることが明らかにされており、また、本研究（研究Ⅶ）でも、4年制大学生のほうが、自己調整的な学習方略を自ら獲得し、より多く用いていることが示されている。これらのことを考え合わせると、たとえ、働きかけによって学習方略の獲得を促したとしても、学んだ学習方略を実際に用いることで手応えが実感でき、結果として学習成果に結びつくものでなければ、動機づけにはつながらず、また、新たな学習方略を自ら獲得していこうとする姿勢にもつながっていかないものといえるかもしれない。

研究Ⅶでは、回想法による調査に基づいて検討を行ったが、今後の課題として、個々の学習者が、獲得した学習方略をどのように利用し、そして、どのように変化させていくのかを長期にわたり追いかけていく縦断的な研究が必要であろう。また、こ

こでの知見をもとに，学習方略の獲得を促すような働きかけを行い，その効果について検証を行っていく必要があるが，第4章では，児童期後期の子どもを対象として，そのような学習方略支援を実際に試みることとする。

第 4 章

自己調整学習の育成を支援する試み
──自己調整学習方略の獲得の促進──

　自己調整学習方略と動機づけ関連変数および動機づけに関する因果関係と機能差についての検討，発達に関する検討を行った第2章，第3章をふまえ，本章では小学校高学年の児童に対し，自己調整学習方略の獲得を促す働きかけを行い，自己調整学習の育成を支援することを試みる。

▎第1節　学習活動の振り返りによる自己調整学習方略の使用を促す働きかけ（研究Ⅷ）

　本研究では，教育実践場面において，動機づけ的側面の自己調整学習方略の使用を促す働きかけを行い，その効果を検証する。小学5年生ぐらいで自覚的に課題を遂行することができるようになるとされているメタ認知研究（岡本, 1992）の知見および小学4年生を対象に検討した研究Ⅴの結果をふまえて，自己調整学習が成立しはじめる時期であると考えられる小学校高学年の児童を対象とした。働きかけを行うにあたり，その対象となる子どもの動機づけの個人差について考察しておく。動機づけの高い子どもは，ここで獲得を促そうとする自己調整学習方略を既にいくらか有しており，また，それを日常的に使用している可能性があり，したがって，働きかけによる著しい効果は期待できないものと思われる。また，動機づけの低い子どもは，学習に対して無気力であったり学業不振であったり，根本的なところで問題を抱えている可能性があり，そのことから4週間程度という短期の働きかけでは，即時的な効果は期待で

きないであろう。以上から，特に動機づけが中程度である子どもに効果がみられることが予測されるため，本研究ではそこに焦点をあてて検討を進めることにする。

働きかけの方法としては，単に方略の使用を促すのではなく，自らの動機づけ状態についての認識を高めた上で，その必要性や有効性を強調する情報提示によって方略の利用を促すことにした。具体的には，過去1週間の学習の中で，動機づけが低下した状況と動機づけが高まった状況について振り返るように求めた。そのような自らの動機づけ状態についての気づきを高めることで，どのような状況で方略を利用すればよいのかが明確となり，また，動機づけが高まった状況，すなわち，成功した状況を手がかりとして動機づけ的側面の自己調整学習方略を意識化するため，その実行に向けての効力感が増すのではないかと考えた。研究Ⅵをふまえ，情報提示にあたっては，方略の内容について具体的な説明を行い，その意義，有効性について理解を促した上で，実際に使ってみるように働きかけた。振り返りを繰り返すことで，方略の必要性について再認識できるような質問内容からなるワークシートを作成するようにした。

ここでは，事前・事後における持続性，動機づけの自己認識，自己効力感，内発的興味といった動機づけや動機づけ関連変数の変化について調べ，ワークシートを導入したクラスとしなかったクラスとで比較を行い，働きかけの効果について検証することとした。

◆ 方 法 ◆

対 象

神戸市内の公立小学校の6年生137名（男子67名，女子70名）を対象とした。4学級のうち2学級の児童に対してワークシートによる働きかけを行った。

調査内容

働きかけの効果を検証するために，以下の内容を含む質問紙調査（事前・事後）がすべての学級で実施された。

(1) 持続性，動機づけの自己認識

下山（1985）の学習意欲検査（GAMI）の「持続性の欠如」をふまえ，ワークシートの内容や文脈に沿うように，学習への取り組みの粘り強さをとらえる5項目を作成した。また，自らの動機づけ状態の自覚の程度をとらえる6項目を作成した。いずれも「まったくあてはまらない」（1点）から「とてもよくあてはまる」（5点）までの5件法で評定を求めた。

(2) 自己効力感，内発的興味

研究Ⅴの自己効力感尺度（4項目）を学業一般に適用できるように表現を一部修正

して用いた。また，研究Vの内発的価値尺度のうち，学習に対する楽しさや興味の面に焦点をあて，学業一般に適用できるように一部表現の修正を行った4項目を用意した。いずれも「まったくあてはまらない」(1点)から「とてもよくあてはまる」(5点)までの5件法で評定を求めた。

ワークシートの内容と手続き

期間は1998年11月上旬から12月上旬にかけて4週間にわたり，各担任教師によって学級ごとの集団で実施された。事前・事後の質問紙調査およびワークシートへの取り組みは1週間隔で行われたが，学級の都合によって1日前後することがあった。実施に先立ち，現場の教師から質問紙とワークシートの表現および内容が適切であることの確認を得た。

(1) ワークシート1回目

事前の質問紙調査が実施された1週間後に，ワークシートによって，自らの動機づけ状態の振り返りと自己動機づけ方略に関する情報提示を行った。具体的には，まず，1週間前までのことを思い出してもらった上で，①「あなたが勉強をしているとき，『なかなかやる気になれなかったり，まったくやる気がしなかった』ことはありましたか？」と質問し，その有無について回答を求めた。あった場合に，②「何回ぐらいありましたか？」と質問し，その頻度について尋ね，さらに，③「それは，いつですか？」と質問し，「家で宿題を勉強中」「家で自主勉強中」「授業中」「塾で勉強中」「その他」の5つの選択肢の中から1つを選ぶように求めた。次いで，勉強の内容を④「それは，何の勉強をしていたときですか？」，動機づけの低下の原因を⑤「やる気がなくなったのは，どうしてだと思いますか？」，動機づけ低下時の心理的状況を⑥「やる気がなくなったとき，どのようなことを感じたり，思ったりしましたか？」，動機づけ低下への対処を⑦「やる気がなくなったとき，どうしましたか？」と順次質問し，それぞれに対して自由記述を求めた。

以上のように動機づけが低下した状況について振り返りを行った後，動機づけが上昇した状況についても同様の質問内容によって振り返りを行った。具体的には，①「あなたが勉強をしているとき，『すごくやる気が出たり，集中して勉強ができた』ことはありましたか？」の質問から始めて，②から⑥までの質問を動機づけが高まった状況に合わせて尋ねた。最後に，⑦「やる気がしないとき，どのような工夫をすればよいと思いますか？　やる気が出たときのことを参考に考えてみてください」の質問によって，自己動機づけ方略を自由に考え出すように促した。その上で，以下に示す自己動機づけ方略に関する情報提示を行った。「『勉強を楽しくするのに，どのような工夫をしているか』について，中学生のみなさんに質問をしたところ，つぎのような

答えがかえってきました。小学生のみなさんにも，勉強のやる気が出ないとき，とても役に立つと思います。ぜひ，ためしてみてください」という教示文とともに，「わかるところ，できるところから勉強をはじめるようにする」「勉強するときはおもいっきり勉強し，遊ぶときはおもいっきり遊ぶ」「短い時間に集中して勉強する」「勉強前や勉強中に，体を動かしたりしてリラックスする」「勉強につかれたら，休けいを入れるようにする」「色ペンを使ったり，ノートに絵などを入れたりして，勉強を楽しくする」「勉強する前に，つくえの上など，まわりを勉強しやすいように，かたづける」「友だちといっしょに，教えあう」の8つの方略のリストを提示した。これらの方略は，研究Ⅱの尺度をもとに，小学4年生での検討を行った研究Ⅴの結果を参考にして，現場の教師から助言を受け，適用可能と判断されたものである。

(2) ワークシート2回目

1回目のワークシートを実施した1週間後に，2回目のワークシートが実施された。自らの動機づけ状態の振り返りを，1回目のワークシートと同様の質問内容によって行った。次に，自己動機づけ方略の使用について確認した。8つの方略について「まったくしなかった」（1点）から「かなりやった」（5点）までの5件法で評定を求めた。

(3) ワークシート3回目

2回目のワークシートを実施した1週間後に，継続による効果の向上をねらい，再度，2回目と同じ内容のワークシートを実施した。この1週間後，事後の質問紙調査が行われた。

◆ 結果と考察 ◆

持続性，動機づけの自己認識，自己効力感，内発的興味の検討

事前調査の持続性，動機づけの自己認識，自己効力感，内発的興味について主因子法による因子分析を行った結果，いずれも1因子性が確認された。信頼性係数（Cronbachのα）を求めたところ，順に.69，.73，.86，.57であり，内発的興味が低めであるが，概ね満足できる値を示した。

ワークシートによる働きかけの効果の検討

働きかけの効果を検証するために，持続性，動機づけの自己認識，自己効力感，内発的興味を従属変数とする，ワークシートによる振り返り（有・無）×調査時期（事前・事後）の2要因混合計画の分散分析を行った。分析には，事前調査における持続性と動機づけの自己認識の中群を対象とした。中群は，最高値および最低値から30％を基準点として設定された。その結果，持続性において，交互作用（$F(1, 27) = 5.42$, $p < .05$）が有意であった。Table 4-1に示すとおり，ワークシートを導入し

Table 4-1 ワークシートの有無による事前・事後調査の評定平均値（標準偏差）

		ワークシートによる振り返り	
		あり	なし
持続性	n	15	14
	事前	2.84 (0.30)	3.00 (0.22)
	事後	3.12 (0.62)	2.69 (0.80)
動機づけの自己認識	n	15	14
	事前	3.58 (0.24)	3.61 (0.30)
	事後	3.40 (0.66)	3.80 (0.83)
自己効力感	n	15	14
	事前	2.87 (0.64)	2.79 (0.87)
	事後	2.97 (0.53)	2.71 (0.98)
内発的興味	n	15	14
	事前	2.70 (0.63)	2.84 (0.78)
	事後	2.92 (0.63)	2.61 (1.04)

たクラスのほうが持続性を高めていた。ワークシートを用いた自らの動機づけ状態の振り返りと自己動機づけ方略の情報提示による働きかけが，学習への粘り強い取り組みを促した。

自己動機づけ方略の使用程度による効果の検討

　自己動機づけ方略の使用による変化を調べるために，自己動機づけ方略の使用程度（低群・高群）×調査時期（事前・事後）の2要因混合計画の分散分析を行った。高群・低群の設定にあたっては，2回目のワークシートの自己動機づけ方略の使用の得点をもとに，全対象の1/3を基準とした。その結果，持続性において，方略使用の主効果（$F(1, 39) = 13.90, p < .01$）と交互作用（$F(1, 39) = 5.14, p < .05$），動機づけの自己認識において，方略使用の主効果（$F(1, 39) = 6.24, p < .05$）が有意であった。また，内発的興味において，方略使用の主効果（$F(1, 39) = 6.80, p < .05$）と交互作用（$F(1, 39) = 4.12, p < .05$）が有意であった。Table 4-2に示すとおり，持続性，内発的興味に関して，自己動機づけ方略の使用程度が高い群のほうが，事後調査で高い値を示していた。動機づけの自己認識に関しては，自己動機づけ方略の使用程度が高い群のほうが，事前・事後にかかわりなく高い値を示した。ノートを工夫したり，できるところから始めたり，めりはりをつけるといった自己動機づけ方略をよく用いることで，学習への持続性が高められ，勉強を楽しく，おもしろいものにし，自ら進んで勉強するようになる可能性が示された。動機づけの自己認識はメタ認知の問題で

Table 4-2 自己動機づけ方略の使用程度による事前・事後調査の評定平均値（標準偏差）

			自己動機づけ方略の使用程度	
			低 群	高 群
持続性		n	21	20
	事 前		2.64 （0.89）	3.15 （0.73）
	事 後		2.51 （0.83）	3.56 （0.58）
動機づけの自己認識		n	21	20
	事 前		3.30 （0.89）	3.83 （0.71）
	事 後		3.25 （1.21）	4.00 （0.76）
自己効力感		n	21	20
	事 前		2.61 （1.02）	2.96 （0.59）
	事 後		2.64 （0.98）	2.96 （0.72）
内発的興味		n	21	20
	事 前		2.71 （0.77）	3.10 （0.82）
	事 後		2.63 （0.80）	3.36 （0.51）

あり，その変化にはさらに長期的な働きかけを要するのかもしれない。また，具体的な課題に即して振り返りを行うなど，十分に自覚を促すような働きかけの方法を検討する必要もあろう。

動機づけ低下時の方略の変化による効果の検討

ワークシートの記述内容から，動機づけ低下時における自己動機づけ方略の変化について検討を行った。やる気がなくなったときの対処の仕方として，「そのままやる気をなくしてしまった」を1とし，「がんばった」「やる気を出した」など，方略とはいえないが，動機づけを高める努力を示す回答を2とし，自己動機づけ方略について回答しているものを3として，この3つの段階でとらえることにした。3回のワークシートの回答に基づき，段階が上昇変化した群と下降変化した群を設け，変化群（下降群・上昇群）×調査時期（事前・事後）の2要因混合計画の分散分析を行った。その結果，内発的興味において，交互作用（$F_{(1, 11)} = 5.21, p < .05$）が有意であった。Table 4-3に示すとおり，上昇変化した群のほうが，内発的興味を高めていた。やる気がなくなったとき，気分転換をしたり，できる科目や好きな科目から取り組んだりするという効果的な対処，すなわち，自己動機づけ方略を使用する方向に変化した群が，学習をおもしろい，楽しい，好きであるなどと，その興味を高める結果となった。

◆ まとめ ◆

研究Ⅷでは，ワークシートを用い，学習活動の振り返りを通して自己動機づけ方略

Table 4-3 動機づけ低下時の方略の変化による事前・事後調査の評定平均値（標準偏差）

			動機づけ低下時の方略の変化	
			下降群	上昇群
持続性		n	6	7
	事	前	3.14 （0.67）	2.97 （0.92）
	事	後	3.10 （0.39）	3.34 （0.70）
動機づけの自己認識		n	6	7
	事	前	3.86 （1.02）	3.57 （1.03）
	事	後	3.44 （1.03）	3.52 （1.11）
自己効力感		n	6	7
	事	前	3.00 （0.67）	2.64 （0.56）
	事	後	2.88 （0.77）	2.61 （0.78）
内発的興味		n	6	7
	事	前	2.83 （0.80）	2.61 （0.52）
	事	後	2.79 （0.89）	2.89 （0.54）

の使用を促す働きかけを行った。その結果，持続性にのみ効果が示された。これは部分的なものではあるが，児童における自己動機づけ方略の使用を促す働きかけの有効性を支持するものであろう。効果が全般に及ばなかったのは，振り返りと情報提示を受け，実際にどのくらい方略を用いるかどうかは本人の意志に任されていることが影響しているだろう。そのため，次に，自己動機づけ方略の使用程度によって変化がみられたのかどうか検討を行った。その結果，持続性，内発的興味に交互作用がみられた。実際の方略使用を伴うことによって，持続性が高まり，内発的興味が向上することが示された。

　動機づけ低下時における自己動機づけ方略の変化による効果の検討では，内発的興味にのみ交互作用が認められた。この結果は，自己動機づけ方略の特徴をよく表すものといえるかもしれない。研究Ⅲで示唆されたように，学習過程を効率化することで直接的に学業達成に結びつくというより，学習に対するやる気を失いかけた時などに，楽しさやおもしろさを感じることで学習の負担感を軽減したり動機づけを高めたりする機能を有していることがかかわっているように思われる。

　自己効力感に関しては，いずれの分析においても効果が認められなかった。ここでとらえた自己効力感は，学業一般レベルのものであり，そのことが効果を検出しにくくした可能性がある。また，今回行われた働きかけの期間では，学業一般の次元にまで影響が及ばなかった可能性も考えられる。先にふれた自己認識における問題点と同様に，より具体的な課題場面に即して，自己効力感をとらえ，自己認識を促し，方略

への働きかけを試みる必要がある。以下に記す研究Ⅸでは宿題場面，研究Ⅹでは授業場面を取り上げ，これらの問題点をふまえ，検討を進めていくことにする。

第2節　個に応じた自己調整学習方略の使用を促す働きかけ（研究Ⅸ）

　研究Ⅷでは，ワークシートを用いた回想によったため，どのような状況でどのような自己調整学習方略を用いるかに関して，明確性に欠けるところが若干みうけられた。より現実的な状況と結びつけて，方略の使用を促していくような試みが必要といえる。また，研究Ⅷでは，8つの自己動機づけ方略のリストを情報提示する形式がとられたが，働きかけの効果を高めるためには，方略の数を絞り込んだ上で，実際に利用できる場面を設定する必要があるだろう。より自律的に，自己調整学習方略を使用していけるような工夫も必要だろう。

　これらのことをふまえて，研究Ⅸでは，計算の宿題場面を通して，動機づけ的側面の自己調整学習方略の獲得を促す働きかけを行うことにした。「目標設定」「ゲーム化」「想像」の3つの自己動機づけ方略を提示し，これらの中から1つを自ら選んでもらい，宿題に取り組む際の助けとなるように，その選択した方略を用いるよう促した。自己選択の形式をとることで，方略の自律的な使用を促すことを意図した。このような手続きによって，効果がみられたかどうかについて尋ね，宿題に対する動機づけ，宿題における持続性の欠如，自己効力感，内発的興味を指標として取り上げて，動機づけ，動機づけ関連変数に及ぼす影響について検討を行うこととした。さらに，本研究では，外発から内発までの動機づけのタイプによって，働きかけの効果に違いがみられるかどうかについても，あわせて検証を行う。より外発的な動機づけの段階にあるほど，学習方略に問題があるものと考えられ，働きかけによって効果が示されるものと予測される。自己選択の機会と動機づけのタイプを考慮することで，個に応じた自己調整学習方略の使用を促す支援のあり方について検討を行うこととする。

◆　方　法　◆

対　象
　神戸市内の公立小学校の5年生1学級39名（男子20名，女子19名）を対象とした。
調査内容
　下記の調査内容の（1）から（6）までを事前調査として，（3）から（6）までを事後調査として実施した。なお，（3）から（6）までの質問内容は同じものとなる。

(1) 持続性の欠如

下山（1985）の学習意欲検査（GAMI）の「持続性の欠如」（5項目）を用い，「まったくあてはまらない」（1点）から「とてもよくあてはまる」（4点）までの4件法で評定を求めた。

(2) 4種類の動機づけ

速水ら（1996）による外的動機づけ，取り入れ的動機づけ，同一化的動機づけ，内発的動機づけを測定する尺度をもとに，小学生に適用できるように項目の取捨選択と表現の一部修正を行った。計算の勉強をする理由として，各3項目の計12項目について「どんなときもあてはまらない」（1点）から「いつもあてはまる」（5点）までの5件法で評定を求めた。

(3) 宿題に対する動機づけ

計算の宿題に対する動機づけの程度をとらえるために，Klein & Freitag（1992）を参照し，「宿題の計算練習をもっとやりたいと思う」の質問項目を作成した。

(4) 宿題における持続性の欠如

下山（1985）の「持続性の欠如」をもとに，計算の宿題における持続性の欠如をとらえる4項目を作成した。

(5) 自己効力感

研究Ⅴの自己効力感尺度（3項目）を計算の宿題に適用できるように表現を一部修正して用いた。「計算の宿題がきちんとできる」「計算の宿題をはやく仕上げることができる」「宿題で計算が正しくできる」からなる。

(6) 内発的興味

研究Ⅴの内発的価値尺度のうち，学習に対する楽しさや興味の面に焦点をあて，計算の宿題に適用できるように，一部表現の修正を行った3項目を用意した。「計算の宿題をするのがたのしい」「計算の練習をしていておもしろい」「言われなくても自分からすすんで宿題をする」からなる。

上記の（3）から（6）の質問項目は，いずれも「まったくあてはまらない」（1点）から「とてもよくあてはまる」（5点）までの5件法で評定を求めた。

学習方略支援の内容と手続き

期間は2000年3月13日から18日までの6日間，担任教師によってクラス集団で実施された。担任教師に対しては，事前に研究計画の概要について説明がなされ，スクリプト形式による教示の手引きに従って進めていくように依頼した。また，質問紙と配布プリントの表現および内容が適切であるかどうかについて現場の教師の確認を得た。方略についても5年生に対し宿題場面において適用可能であることの確認を得

た。

(1) 第1日

　事前調査が実施された翌日から，以下に示す日程で自己調整学習方略の使用を促す支援が進められた。計算の宿題でやる気になれないときのやる気を高める工夫，すなわち，自己動機づけ方略として，「目標設定」「ゲーム化」「想像」の3つがあることを具体的に説明し，それらの有効性について強調した。説明の際には，方略の内容をプリントにしたものを配布した（巻末 p.131 の資料を参照のこと）。

　次に，プリントに記載された3つの方略の中から1つを自ら選ぶよう求めた。選択にあたっては，使用経験がなく，実行可能性が高いと思われる方略を基準とするよう求めた。判断の手がかりとなるように，3つの方略のそれぞれについて，使用経験を「使ったことがない」から「よく使っている」までの4件法で，実行可能性を「できそうにない」から「かなりできそう」までの4件法で評定してもらった。選択した方略が書かれた用紙部分は切り取って計算ドリルの表紙に貼り付けるように指示した。最後に，再度，方略の有効性について強調し，今日の宿題から用いるようにすること，宿題は必ず自己採点の上，明日提出するようにと伝えた。

(2) 第2日，第3日

　宿題の提出を指示し点検を行った。提出の際，方略の使用を確認し，初日と同様にさらに方略の実行を促した。

(3) 第4日

　宿題の提出を指示し点検を行った。明日の宿題の提出は自由であること，提出の有無は成績評価とは関係がないことを伝えた。方略の使用は特に指示しなかった。

(4) 第5日

　提出を自由とした宿題の点検を行った。また，上述した事後調査の内容に加えて，方略の使用とその効果について調べる項目を含む質問紙が実施された。具体的には，3つの方略のうち，いずれを選択したかについて尋ね，その使用頻度を「使わなかった」から「とてもよく使った」までの4件法で，方略使用の効果を「まったくやる気が出なかった」から「とてもやる気が出た」までの4件法で評定するよう求めた。さらに，普段の自己動機づけ方略の使用について質問し，使用している場合，その内容を記述するように求めた。提出を自由とした宿題に取り組んだ子どもに対しては，その際，どのような方略を採用したかについて尋ね，その使用頻度を「使わなかった」から「とてもよく使った」までの4件法で，方略使用の効果を「まったくやる気が出なかった」から「とてもやる気が出た」までの4件法で評定するよう求めた。

第4章　自己調整学習の育成を支援する試み

◆ 結果と考察 ◆

自己動機づけ方略の選択と使用，その効果について

　3つの方略のうち，いずれを選択したかについて確かめたところ，「目標設定」36.1％（13名），「ゲーム化」22.2％（8名），「想像」41.7％（15名）であった[1]。ゲーム化を選択した子どもがやや少なかった。次に，選択した方略の使用程度について尋ねたところ，「使わなかった」16.2％（6名），「すこし使った」27.0％（10名），「いくらか使った」51.4％（19名），「とてもよく使った」5.4％（2名）であった。83.8％の子どもが方略を利用していた。方略によってどれくらいやる気が出たかについて尋ねたところ，「まったく出なかった」16.2％（6名），「あまり出なかった」21.6％（8名），「すこし出た」43.2％（16名），「とても出た」18.9％（7名）であった。半数以上の62.2％の子どもが方略使用の効果を認める結果となった。支援2日目，3日目において，働きかけによって，ほとんどの子どもが方略を利用していたが，一部，使用しなかった子どももおり，また，効果が確認できなかった子どもも少なからずいたため，その原因について検討していく必要がある。ここでは，宿題を通して支援を試みており，自己調整学習が求められるという意味では有効な状況設定であったと考えられるが，自由度が大きいために，十分に取り組めなかった子どももいたのではないだろうか。確実な定着を図るためにも，授業や課題場面での学習方略支援の試みが必要だろう。次の研究Xでは，この点を考慮した検討を行う。

　普段の自己動機づけ方略の使用については，88.9％（32名）が使っておらず，11.1％（4名）が使っていると回答した。使っていると回答した4名の子どもの自由記述をみると，目標設定とゲーム化をそれぞれ2名ずつが回答していた。9割近い子どもが普段用いていない方略を試みたということであり，働きかけを行った意義はあったものと考えられる。

　提出が自由である宿題に取り組んだ子ども（16名）に対して，採用した方略について尋ねたところ，「目標設定」43.8％（7名），「想像」31.3％（5名），「目標設定」と「想像」6.3％（1名），「その他」18.8％（3名）であった。「その他」の回答は，いずれも「なにも使っていない」というものであった。ゲーム化を利用した子どもは1人もいなかった。次に，選択した方略の使用程度について尋ねたところ，「使わなかった」13.3％（2名），「すこし使った」26.7％（4名），「いくらか使った」40.0％（6名），「とてもよく使った」20.0％（3名）であった。宿題を提出した子どもの86.7％が方略を

---

[1]　データに欠損がみられたため，以下，分析によって人数が異なる。欠損を省いた人数をベースに割合を算出している。

利用していた。方略によってどれくらいやる気が出たかについて尋ねたところ,「まったく出なかった」6.7％（1名），「あまり出なかった」13.3％（2名），「すこし出た」53.3％（8名），「とても出た」26.7％（4名）であった。80.0％の子どもが方略使用の効果を認める結果となった。提出が自由の宿題に取り組んだ子どもの場合，そのほとんどが方略を使用し，それによってやる気が高まったと認識していた。

動機づけのタイプによる働きかけの効果

まず，動機づけのタイプによって，前述の選択された方略，使用程度，方略使用の効果の認識に違いがみられるかどうかを，4種類の動機づけの各尺度を用いて検討した。中央値折半によって高低群を設定した上で，χ^2検定およびt検定を行ったが，いずれも有意ではなかった。動機づけのタイプによって，3つの方略のうちどれを選んだかに違いはなく，その使用程度や，効果についての認識にも違いはなく，働きかけが一様になされたことが確かめられた。

次に，動機づけのタイプによって働きかけの効果に違いがみられるかどうかを調べるために，事前・事後調査の宿題に対する動機づけ，宿題における持続性の欠如，自己効力感,内発的興味について,動機づけのタイプ（低群・高群）×調査時期（事前・事後）の2要因混合計画の分散分析を行った。

外的動機づけにおいては，宿題における持続性の欠如で，動機づけのタイプ（F (1, 33) =3.73, $p<.10$）の主効果が有意傾向であった。また，内発的興味で，動機づけのタイプ（F (1, 32) =4.05, $p=.053$）の主効果が有意に近かった。Table 4-4 に示すとおり，外的動機づけの高群のほうが，宿題における持続性の欠如が高く，内発的興味が低い傾向にあった。

取り入れ的動機づけにおいては，宿題における持続性の欠如で，調査時期（F (1, 33) =2.88, $p<.10$）の主効果が有意傾向であった。また，自己効力感で，交互作用（F (1, 34) =3.24, $p<.10$）が有意傾向であった。Table 4-5 に示すとおり，事前よりも事後調査の持続性の欠如が高い傾向にあり，また，取り入れ的動機づけの高群が自己効力感を高め，低群が低める傾向にあった。

同一化的動機づけにおいては，宿題に対する動機づけにおいて，交互作用（F (1, 34) =4.18, $p<.05$）が有意，宿題における持続性の欠如において，調査時期（F (1, 33) =3.31, $p<.10$）の主効果が有意傾向，自己効力感で交互作用（F (1, 34) =3.61, $p<.10$）が有意傾向，内発的興味で動機づけのタイプ（F (1, 32) =6.04, $p<.05$）の主効果が有意であった。Table 4-6 に示すとおり，同一化的動機づけの高群が宿題に対する動機づけを低め，低群が高めていた。また，事前よりも事後調査の持続性の欠如が高い傾向にあり，同一化的動機づけの高群が自己効力感を高め，低群が低める

Table 4-4 外的動機づけの低群・高群による事前・事後調査の評定平均値（標準偏差）

		外的動機づけ	
		低　群	高　群
宿題に対する動機づけ	n 事　前 事　後	18 3.22　(1.22) 3.06　(0.80)	17 2.94　(1.25) 2.94　(1.25)
宿題における持続性の欠如	n 事　前 事　後	18 2.00　(0.70) 2.35　(0.57)	17 2.62　(1.01) 2.68　(0.90)
自己効力感	n 事　前 事　後	18 4.00　(0.65) 3.93　(0.62)	17 3.67　(0.84) 3.76　(0.92)
内発的興味	n 事　前 事　後	17 3.47　(0.92) 3.53　(0.79)	17 3.14　(0.69) 2.88　(0.78)

Table 4-5 取り入れ的動機づけの低群・高群による事前・事後調査の評定平均値（標準偏差）

		取り入れ的動機づけ	
		低　群	高　群
宿題に対する動機づけ	n 事　前 事　後	18 3.39　(1.20) 3.17　(0.79)	18 2.78　(1.17) 2.83　(1.20)
宿題における持続性の欠如	n 事　前 事　後	17 2.15　(1.00) 2.40　(0.73)	18 2.44　(0.82) 2.61　(0.78)
自己効力感	n 事　前 事　後	18 4.02　(0.69) 3.81　(0.82)	18 3.63　(0.77) 3.76　(0.89)
内発的興味	n 事　前 事　後	16 3.33　(1.00) 3.35　(0.86)	18 3.28　(0.64) 3.07　(0.82)

傾向にあった。内発的興味については，同一化的動機づけの高群のほうが高かった。

内発的動機づけに関しては，内発的興味において，動機づけのタイプ（$F(1, 32) = 9.83$, $p < .01$）の主効果が有意であった。Table 4-7 に示すとおり，内発的動機づけの高群のほうが，高い内発的興味を示した。

Table 4-6　同一化的動機づけの低群・高群による事前・事後調査の評定平均値（標準偏差）

		同一化的動機づけ	
		低　群	高　群
宿題に対する動機づけ	n 事　前 事　後	15 2.73　（1.28） 3.07　（1.10）	21 3.33　（1.11） 2.95　（0.97）
宿題における持続性の欠如	n 事　前 事　後	14 2.32　（1.04） 2.64　（0.73）	21 2.29　（0.84） 2.42　（0.77）
自己効力感	n 事　前 事　後	15 3.76　（0.62） 3.51　（0.74）	21 3.87　（0.84） 3.98　（0.87）
内発的興味	n 事　前 事　後	13 2.90　（0.71） 2.87　（0.54）	21 3.56　（0.79） 3.41　（0.94）

Table 4-7　内発的動機づけの低群・高群による事前・事後調査の評定平均値（標準偏差）

		内発的動機づけ	
		低　群	高　群
宿題に対する動機づけ	n 事　前 事　後	22 3.05　（1.17） 2.91　（0.87）	14 3.14　（1.29） 3.14　（1.23）
宿題における持続性の欠如	n 事　前 事　後	21 2.38　（1.00） 2.60　（0.85）	14 2.18　（0.76） 2.38　（0.59）
自己効力感	n 事　前 事　後	22 3.74　（0.69） 3.68　（0.85）	14 3.95　（0.85） 3.95　（0.84）
内発的興味	n 事　前 事　後	20 2.98　（0.73） 2.93　（0.71）	14 3.76　（0.73） 3.60　（0.88）

　4種類の動機づけによる働きかけの効果の違いとしては，取り入れ的動機づけと同一化的動機づけの高群が自己効力感を高め，低群が低める傾向を示したことがあげられるが，動機づけの自律性の連続体でみると中間のところで特に働きかけの効果が現れうる可能性が示唆された。しかし，結果は部分的なものであり，また，低群が低め

る傾向を示した点は疑問でもあり（これには天井効果の可能性もあるが），今後のさらなる検討を要する。同一化的動機づけの高群が宿題に対する動機づけを低め，低群が高めていたことについては，高群において事前の宿題への動機づけが高く，天井効果の可能性があるだろう。また，宿題における持続性の欠如で調査時期の主効果が有意傾向であったが，これには，計算の宿題が連日にわたったことが影響しているのかもしれない。

さらに，4種類のうち，どの動機づけが高いほど，いずれの変数の事前・事後の変化量が大きいかを調べることにした。全般的な学習意欲をとらえるGAMIの「持続性の欠如」を制御変数とし，4種類の動機づけである外的，取り入れ的，同一化的，内発的動機づけの各尺度と，宿題に対する動機づけ，宿題における持続性の欠如，自己効力感，内発的興味の各変化量（事後調査の得点－事前調査の得点）との偏相関係数を算出した（Table 4-8）。

外的動機づけについては宿題への動機づけと $r = .29$ （$p = .103$），取り入れ的動機づけについても宿題への動機づけと $r = .28$ （$p = .121$）の値を示し，有意傾向に近かった。同一化的動機づけは宿題への動機づけと $r = -.34$ （$p = .056$）の値を示し，有意傾向であった。

あくまでも有意傾向に近いというものであるが，外的動機づけと取り入れ的動機づけが高いほど，働きかけによって宿題へのやる気を高める方向での変化がみられる可能性が示唆された。より外発的な動機づけが高い子どもは，宿題に対する動機づけのベースラインが低く，働きかけによってある程度まで向上しうるのかもしれない。同一化的動機づけについては，先の分散分析結果と同様に天井効果の可能性が考えられるだろう。内発的動機づけについてはほとんど関連が示唆されなかったが，この動機づけの段階は，働きかけとは独立して学習の自律性を強く規定している可能性があるだろう。

以上，部分的で有意傾向を含む結果ではあるが，動機づけの個人差によって，働き

Table 4-8 4種類の動機づけと宿題に対する動機づけ，宿題における持続性の欠如，自己効力感，内発的興味との偏相関（n =31）

	外的	取り入れ的	同一化的	内発的
宿題に対する動機づけ	.29	.28	－.34	－.19
宿題における持続性の欠如	－.09	－.04	－.16	－.06
自己効力感	.08	.11	.10	.05
内発的興味	－.24	－.20	－.22	.10

かけの効果に違いが生じうる可能性が示唆された。内発的動機づけ以外のところで，働きかけによって，自己効力感や動機づけに変化が生じうる可能性がかろうじてではあるが示唆された。だが，明瞭な結果が得られなかった一因としては，実践研究に特有の困難さに加え，対象者数の少なさがあげられるだろう。実践研究は，実験室研究とは異なり，要因の統制には困難がつきまとい，様々な要因の影響が混入しやすいため，有意な結果が得られにくいということがある。厳格な条件統制が生態学的妥当性を損ない，また，現場における実践の現実を歪めてしまうという難しさがある。さらに，現場の要請や実情などから，十分な研究対象者数が確保できないことが往々にしてある。ここでは宿題場面を取り上げたが，宿題の範囲，提示の仕方，提出の方法には，協力校やクラス担任の方針があり，既に慣習化されたルールがあって，研究の要請によって宿題を統一したり増減したりすることはできない。働きかけの効果を検証するためには，対照群を設定することが望ましいことはいうまでもないことであるが，以上のような現実問題としての難しさがある。質的アプローチをとるなど，今後，研究方法の問題を含め，さらに検討を重ねていく必要があるだろう。

第3節　授業場面における自己評価および自己調整学習方略の使用を促す働きかけ（研究Ⅹ）

　学校教育の現場では，「自ら学び自ら考える力」を育むために，子ども自身による自己評価を取り入れた授業実践が盛んになされている。目標に向かって，自らの学習を自ら計画し，学習活動をモニターし，うまく進むように修正や方向づけを行い，学習の成果をふまえて次の学びへとつなげていく自己調整学習が成立する上で，自己評価は欠かすことのできない重要な役割を果たす（Zimmerman & Schunk, 2001）。ここでは，自己評価の問題を含め，授業場面において，自己調整学習方略の使用を促す働きかけを行い，その効果について検証を行うこととする。

　自己評価には様々な観点が考えられるが，学習活動のどの側面を対象とするかによって認知的自己評価と情意的自己評価とに分けてとらえることができる（北尾・速水，1986）。現行の指導要録においても観点別の評価がとられており，「知識・理解」などの認知面の評価と，「関心・意欲・態度」の情意面の評価がなされている。そして，知識・理解や技能といった認知面に対して「関心・意欲・態度」の情意面の評価に力点がおかれるようになっている。ここには，子どもが自ら知識や技能を身につけたり，獲得した知識や技能を積極的に生かしていったりするには，「関心・意欲・態度」のような情意面が基盤として育つことが不可欠であるとする考え方がある（梶田，

2002；北尾・速水，1986)。

このように情意面の評価の重要性が指摘されているのであるが，これまでの学習評価は，主に知識を中心とする認知面に関して行われ，客観的な評価が難しい情意面については疑問視される傾向があった。教育現場では，情意面の評価のあり方に関する実践的な取り組みが様々になされてきてはいるが，教育課程審議会（2000）の答申において，「関心・意欲・態度」の観点の評価について，「授業中の挙手や発言の回数といった表面的な状況のみで評価されるなど，必ずしも適切とは言えない面が見られる」ことが留意事項として示される現状がある。

実証研究に目を向けても，授業における情意面の評価，とりわけ自己評価に焦点をあてた検討が十分になされてきたとは言い難い。自己評価を取り上げた先行研究では，例えば，答案の正誤チェックのような学習成果の自己採点によるもの（橋本，1971；小倉・松田，1988；鹿毛・並木，1990）や，「できる」「わかる」に関する項目に基づいて評価を行う方法（鹿毛，1993；中川・松原，1996），学習活動における認知活動過程のモニタリングとともに自己評価を行う方法（中川・守屋，2002）など，学習活動の認知面を中心に検討がなされることが多かった。「関心・意欲・態度」の情意面の育成が，理解を深めたり技能を高めたりといった認知面を支え，主体的な学びにつながっていくものであることを考えると，認知面に加えて情意面の自己評価が，学習への動機づけにどのような変化をもたらし，学業達成に対してどのような影響を及ぼすかについて実証的な検討を行う必要があるといえる。

以上のように，自己調整学習方略の認知的側面と動機づけ的側面の問題が，自己評価研究においても同じように指摘できるのであるが，研究Ⅷでは，学習活動の振り返り，すなわち，自己評価に自己調整学習方略への働きかけを組み合わせることの有効性が示唆され，研究Ⅸでは，自己調整学習方略の確実な定着を図るためにも，課題に取り組む場面において働きかけがなされる必要性についてふれた。上述した「関心・意欲・態度」の問題と日常的な教育実践への寄与ということも考え合わせるならば，授業場面での検討は緊要な課題といってよいだろう。そこで，本研究では，授業場面において，認知面だけでなく情意面の自己評価とともに，情意的な側面[2]の自己調整学習方略の使用を促す働きかけを試み，動機づけや動機づけ関連変数にどのような相乗効果をもたらすものであるか，また，ひいては学業遂行を高めうるものであるのかどうかについて検証することにした。

---

2) これまで「動機づけ的側面」と表してきたが，研究Ⅹでは，自己評価研究にならい，「情意」の用語を統一して用いることとする。

自己評価がもたらす効果として，まず考えられるのは，自己強化のメカニズムによって学習への動機づけが高められるということがある（北尾，1991）。学習活動に関するフィードバック情報が，学習における遂行レベルの向上を自覚させることで，自己効力感を高め，動機づけにつながっていくものと考えられている（Schunk, 1989）。加えて，自己評価は，自分自身の学習過程についての意識化を促し，自己調整を導く働きをもっているとされている（北尾・速水，1986）。ここでは，自己評価とともに自己調整学習方略の使用を促す情報提示を行うため，それが，次の学習においてどうすればよいかという見通しを与え，できそうだという認識をより確かなものにするものと思われる。

　以上のような認知面に加えて情意面の自己評価と情意的な側面の自己調整学習方略の使用促進による相乗効果について，研究Ⅹでは，現場の実践で盛んになされている振り返りシートを用いて検討を行う。授業場面としては，算数の割り算の単元を取り上げる。なぜなら，算数の計算は，Schunk（1989）をはじめとして自己効力感や自己調整学習に関する研究において，集中的に取り組まれてきた課題であり，また，教育現場においても，振り返りシートなどによる自己評価が取り入れられることの多い教科・単元の１つであるためである。情意面に働きかけることが，ここでの授業目標の達成，すなわち，割り算の意味を理解し，計算ができるようになることに対し，どの程度寄与するものであるかについてもあわせて検討する。さらに，働きかけを行うにあたっては，研究Ⅷ，研究Ⅸで示唆されたように，動機づけの個人差に着目する。なぜなら，持続性の程度によって働きかけの効果に違いがみられることが予測されるからである。

　北尾（1991）は，「関心・意欲・態度」は階層的にとらえられ，まず，注意を向ける段階があり，事実・事象に積極的に近づこうとする意欲の段階，次いで，価値づけがなされ態度が形成される段階，最終的にどの面で自己を生かせばよいかという個性の自覚が進む個性化の段階があるとしている。研究Ⅹでは，学習が成立するための前提条件として求められる，授業に注意を向け，積極的に取り組もうとする意欲に働きかけることとした。なぜなら，特にここで取り上げる割り算の計算スキルのような基礎・基本の習得においては，集中して持続的に取り組む姿勢が必要であると考えられるためである。

　研究Ⅹの仮説は，「算数の授業において，認知面だけでなく情意面の自己評価とともに，情意的な側面の自己調整学習方略の使用を促す働きかけを試みることで，授業に対する自己効力感，情意面の自己認識および自己調整がより向上し，その中でも，とりわけ持続性の低い子どもたちが大きな伸びを示す」というものである。学習にお

いて持続性に欠ける子どもは，授業に対する自己効力感も低く，情意面の自己認識および自己調整も十分ではなく，情意的な側面の自己調整学習方略を十分にもち合わせていない可能性が考えられるが，働きかけによって大きく向上しうることが予測される。さらに，情意面への働きかけは，割り算の意味を理解し，計算ができるようになるという授業目標の達成に対しても，同様の相乗効果をもたらすものであるのかどうかについて，あわせて検討を行うこととする。

◆ 方　法 ◆

対　象

神戸市内の公立小学校の5年生2学級の児童。認知面の自己評価に加え，情意面の振り返りシートを実施した1学級が35名（男子16名，女子19名），通常授業（認知面の自己評価のみ）を行った1学級が37名（男子17名，女子20名）。

調査内容

(1) 持続性の欠如

下山（1985）の学習意欲検査（GAMI）の「持続性の欠如」（5項目）を用い，「まったくあてはまらない」（1点）から「とてもよくあてはまる」（4点）までの4件法で評定を求めた。これは，普段の学習における持続性の不十分さを調べるものである。

(2) 授業に対する自己効力感

研究Ⅰの尺度をもとに，授業に対する自己効力感を測定できるように表現を改めた。「授業をしっかり聞くことができる」「授業がはじまると，すぐに勉強に向かう気持ちになれる」「授業のことだけを考えて集中することができる」の3項目からなる。

(3) 情意面の自己認識

自らの動機づけ状態の自覚の程度をとらえる研究Ⅷで使用された尺度項目の一部を修正して授業場面に適用できるようにした。「授業中，自分が，どんなときに，やる気がなくなるか，よくわかる」「授業中，自分が，どんなときに，やる気が出るか，よくわかる」の2項目からなる。

(4) 情意面の自己調整

情意面の自己調整の程度をとらえるために「授業でやる気の出ないとき，なんとかやる気が出るようにがんばる」「授業でやる気が出ないとき，やる気が出るように，いろいろためしてみる」「授業でやる気がおこらなくても，なんとかして，ねばってやろうとする」の3項目を作成した。

上記の (2) から (4) の質問項目は，いずれも「まったくあてはまらない」（1点）から「とてもよくあてはまる」（5点）までの5件法で評定を求めた。質問項目の表

現および内容について，それぞれの概念を測定するのに妥当かどうか，現場の教師2名の確認を得た。

(5) 振り返りシートの効果に関するアンケート

振り返りシートによって，①「授業がしっかり聞けるようになったと思うか」，②「勉強に向かう気持ちになれたと思うか」，③「授業中，ほかのことを考えなくなったと思うか」について，振り返りシートを書いた後に，④「授業に集中できるように，がんばったか」について，計4項目の質問に対し「まったくそう思わない」から「とてもそう思う」までの4件法で評定を求めた。

手続き

算数の「小数の割り算」の単元の授業が，同一の教師によってそれぞれのクラスで行われた。授業担当の教師には，事前に研究計画の概要，すなわち，振り返りシートの効果を調べるという主たる目的についてのみ知らせ，具体的な仮説や予測される結果については伝えなかった。期間中，子どもたちへの授業に対する注意を促す言葉かけや働きかけなどにクラス間で違いがないように細心の注意を払ってもらった。振り返りシート実施の有無以外の点で，ほぼ同等の授業の流れ，調査実施のタイミングとなっていたかどうか，授業終了後に確認を得た。単元の具体的な内容は，Table 4-9に示すとおりである。2時間(1時間は45分の授業に相当)の授業ごとに振り返りシートを計4回実施した。2002年6月19日から7月12日にかけて，事前調査は単元の

Table 4-9 単元の学習内容と事前・事後調査および振り返りシートの実施

単元の学習内容	調査および振り返り
生活の中で小数の割り算を使う場面を探し，話し合いによってクラスで取り組む課題を決める ＜導入＞	事前調査
課題について班ごとに 小数÷整数 の計算に取り組む	振り返り1
概数の説明とドリルによる計算練習	振り返り2
小数÷小数 の課題設定を教師が行い，班ごとに 小数÷小数 の計算に取り組む	振り返り3
筆算の説明とドリルによる計算練習	振り返り4
割り算の余りの説明とドリルによる計算練習	事後調査
単元テスト	

両クラスの授業単元の流れを示している。単元の学習にはワークシートが用いられ，認知面の自己評価（小数÷整数，小数÷小数について「できた」「わかった」の項目による3回の評定）が含まれていた。通常授業のクラスでは，4回の情意面の振り返りシートの実施はなされていない。

導入後に，事後調査は最後の単元テストの前に行った。上記の調査内容の (1) から (4) までを事前調査として，(2) から (5) までを事後調査として実施した。当該単元の学習内容をすべて含む単元テスト（39問，39点満点）が，単元終了後に実施された。

振り返りシートの内容

向井（2000）や西村（1994）などの自己評価の実践報告を参考にして，授業の流れに沿うように，情意面の，とりわけ，注意を向け積極的に取り組もうとする意欲に焦点をあてた振り返りシートを作成した。表現および内容が自己評価として適切であるか，現場の教師から確認を得た。評価項目としては，「授業をしっかり聞くことができましたか？」について「しっかり聞けなかった」（1点）から「しっかり聞けた」（5点）までの5段階評定，「勉強に向かう気持ちになっていましたか？」について「勉強に向かう気持ちになっていなかった」（1点）から「勉強に向かう気持ちになっていた」（5点）までの5段階評定，授業中の感情の振り返りとして「授業中，どんな気持ちでしたか？」に対する自由記述，「授業以外のほかのことを考えていませんでしたか？」について「ほかのことは考えてなかった」（1点）から「ほかのことを考えていた」（5点）までの5段階評定，「ほかのことを考えてしまった人は，どんなことを考えていましたか？」に対する自由記述で構成された。これらの自由記述は，内容に従って分類をした上で，その人数を計数することとした。

以上のような自己評価によって情意面の自覚を促した上で，次の授業でどうすればよいかについて見通しをもたせるために，以下のような教示をもとに自己調整学習方略の記述（記述欄は1箇所）を求めた。「もし，授業中，勉強に向かう気持ちになれなかったり，ほかのことを考えてしまったりしたときに，どうしたらよいと思いますか。つぎの授業で，気をつけようと思うことを書いてください」。具体的な自己調整学習方略が書き出せるように，続いて「思いつかない場合，下のヒントを参考にしてください。授業に集中できないとき，たとえば，つぎのようなやり方があります」として，「先生の顔をよく見るようにする」「ノートやメモをとりながら授業を聞く」「『今ちゃんと話を聞いておかないと，あとで困る』と，心の中で自分に言い聞かせる」の自己調整学習方略を示した。これらの自己調整学習方略は，研究Ⅱの自己動機づけ方略尺度の項目の中でも特に学習に対し注意集中を促す方略をもとにし，授業場面に適用できるように作成したものである。現場の教師から，5年生に対し当該場面で適用可能である旨の確認を得た。記述された内容の分析および人数の計数によって，方略への働きかけがなされているかどうかを，確認することとした。

◆ 結 果 ◆

「持続性の欠如」と事前の「授業に対する自己効力感」「情意面の自己認識」「情意面の自己調整」について，主因子法による因子分析の結果，いずれも1因子が得られ，すべての項目で高い因子負荷量を示した。信頼性係数（Cronbachのα）を算出したところ，順に，.79, .76, .64, .77であった。項目数が少ないため「情意面の自己認識」が若干低いが，概ね満足な値を示した[3]。これらの項目得点をそれぞれ合計して尺度得点を算出し，以下の分析で用いた。

仮説の検証を進めるにあたり，学習における持続性の個人差として，「持続性の欠如」尺度を使用し，中央値折半によって高低の群分けを行った。

次に，クラス間の等質性について確認した。持続性の欠如に関して両クラスの間で群ごとの人数に有意な差がみられないことをχ^2検定によって確かめ，また，4年生の学年末の指導要録に基づく算数の成績（3段階評定）の平均についてt検定を行い，有意な差がみられないことを確かめた。さらに，単元に入る前に，担当の教師に各クラスの様子について尋ね，学力や学習意欲などに著しい偏りはなく，ほぼ等質なものとみなせることを確認した。

授業に対する自己効力感，情意面の自己認識および自己調整についての分析

授業に対する自己効力感，情意面の自己認識および自己調整の事前の等質性をみるために，それぞれの評定平均値について，持続性の欠如の各群間の差をt検定によって調べた（Table 4-10）。自己効力感については，持続性の欠如の高群では有意な差はみられなかったが，持続性の欠如の低群では有意傾向がみられた（$t(29) = 1.83, p < .10$）。情意面の自己認識については，いずれにおいても有意な差はみられなかった。情意面の自己調整については，持続性の欠如の低群では有意な差はみられなかったが，持続性の欠如の高群において有意な差がみられた（$t(28) = 2.38, p < .05$）。一部で有意差が示されているが，ここでは，各群による授業の前後の変化が問題となるため，以下，天井効果と床効果に注意しながら検討を進めていくこととする。

振り返りシートの実施によって，授業に対する自己効力感に変化がみられたのかどうかについて明らかにするために，情意面の振り返り（有・無）×持続性の欠如（低群・高群）×調査時期（事前・事後）の3要因混合計画の分散分析を行った。その結果，持続性の欠如（$F(1, 55) = 16.50, p < .01$），調査時期（$F(1, 55) = 23.08, p < .01$）の主効果が有意であり，持続性の欠如×調査時期（$F(1, 55) = 4.08, p <$

---

[3] 全般的にここで用いられた尺度の項目数は少なくなっている。繰り返しが多いため子どもの負担軽減を第一に考え，また，授業単元の自然な流れを損なうことのないよう，最小限にとどめる配慮をしたためである。研究上，項目数を増やし，さらに信頼性を高めていく必要があろう。

Table 4-10 クラス別の持続性の欠如の低群・高群による事前・事後の自己効力感，自己認識，自己調整の評定平均値（標準偏差）

			振り返り授業のクラス		通常授業のクラス	
			持続性の欠如		持続性の欠如	
			低 群	高 群	低 群	高 群
自己効力感		n	14	17	17	11
	事	前	10.57 (2.31)	8.29 (1.90)	11.94 (1.85)	9.00 (1.79)
	事	後	12.21 (1.76)	9.94 (2.63)	11.82 (2.53)	11.09 (2.30)
自己認識		n	15	17	15	12
	事	前	7.87 (2.03)	6.71 (2.82)	6.87 (2.03)	7.50 (1.17)
	事	後	8.47 (1.85)	7.47 (2.32)	7.20 (2.04)	7.67 (1.83)
自己調整		n	15	18	16	12
	事	前	11.27 (2.81)	7.94 (2.82)	10.75 (2.54)	10.33 (2.50)
	事	後	12.80 (1.97)	8.83 (3.05)	11.00 (2.71)	10.25 (2.90)

欠席が多かったり不備がみられたりした回答は分析に含めなかった。以下もすべて同様である。伸びの得点は「事後の得点－事前の得点」で算出している。

.05），情意面の振り返り×持続性の欠如×調査時期（$F (1, 55) = 4.05, p < .05$）の交互作用が有意であった。単純・単純主効果を分析した結果，振り返りシートを実施したクラスにおいて，持続性の欠如の低群と高群がともに，授業の前後で自己効力感を有意に高めていた（低群：$F (1, 13) = 13.20, p < .01$；高群：$F (1, 16) = 9.72, p < .01$）。一方，通常の授業のクラスでは，持続性の欠如の高群のみが，授業の前後で自己効力感を有意に高めていた（$F (1, 10) = 23.00, p < .01$）。

次いで，情意面の自己認識に及ぼした影響を明らかにするために，情意面の振り返り×持続性の欠如×調査時期の3要因混合計画の分散分析を行った。その結果，情意面の振り返り×持続性の欠如の交互作用に有意傾向がみられたのみであった（$F (1, 55) = 3.20, p < .10$）。有意傾向であったが参考として単純主効果を分析した結果は，通常授業クラスでは持続性の欠如の低群・高群の間に有意な差はみられず，振り返りシート実施クラスにおいても有意傾向に近いというものであった（$F (1, 30) = 2.80, p = .105$）。

情意面の自己調整への影響についても同様に，情意面の振り返り×持続性の欠如×調査時期の3要因混合計画の分散分析を行った。その結果，持続性の欠如（$F (1, 57) = 11.99, p < .01$）の主効果，情意面の振り返り×持続性の欠如（$F (1, 57) = 6.29, p < .05$）の交互作用が有意であり，調査時期（$F (1, 57) = 3.70, p < .10$）の主効果，情意面の振り返り×調査時期（$F (1, 57) = 2.81, p < .10$）の交互作用が有意傾向であっ

た。情意面の振り返り×調査時期の交互作用について，有意傾向であったが参考として単純主効果を分析した結果，振り返りシート実施クラスにおいて，授業の前後で情意面の自己調整の程度が有意に上昇していた（$F(1, 32) = 6.50, p < .05$）。一方，通常授業クラスでは，特に変化は認められなかった。情意面の振り返り×持続性の欠如の交互作用について，単純主効果を分析した結果，通常授業クラスでは持続性の欠如の低群・高群の間に有意な差はみられず，振り返りシート実施クラスにおいては有意差がみられ，持続性の欠如の高群のほうが低かった（$F(1, 57) = 19.54, p < .01$）。

振り返りシートの分析

4回の振り返りの中で，情意面の自己評価に変化がみられたのかどうかについて検討するために，振り返りシートの各評価項目について分析を行った（Table 4-11）。まず，「授業をしっかり聞くことができた」について1要因分散分析を行った結果，主効果が有意であった（$F(3, 93) = 4.32, p < .01$）。LSD法による多重比較を行ったところ，2回目，3回目に比べて4回目のほうが高かった（$MSe = .74, p < .05$）。「勉強に向かう気持ちになっていた」について1要因分散分析を行った結果，主効果が有意であった（$F(3, 93) = 6.13, p < .01$）。LSD法による多重比較を行ったところ，1回目，2回目と4回目との間，2回目と3回目との間に有意な差がみられ（$MSe = .73, p < .05$），振り返りを重ねるにつれ上昇する方向で変化がみられている。「授業以外のほかのことを考えていなかった」について1要因分散分析を行った結果は有意傾向に近かった（$F(3, 93) = 2.13, p = .102$）[4]。

Table 4-11 4回の振り返りにおける各評価項目の平均値と標準偏差

		振り返り（$n=32$）			
		1回目	2回目	3回目	4回目
「授業をしっかり聞くことができた」	M	4.16	3.81	3.94	4.53
	SD	0.77	1.15	1.29	0.92
「勉強に向かう気持ちになっていた」	M	3.69	3.53	4.00	4.38
	SD	1.35	1.08	1.08	0.91
「授業以外のほかのことを考えていなかった」	M	2.22	2.00	2.28	1.63
	SD	1.26	1.27	1.37	1.04

4回すべてに評定したデータのみを分析の対象とした。

---

[4] あくまでも参考としてLSD法による多重比較を行ったところ，1回目，3回目と4回目との間に有意な差がみられた（$MSe = 1.32, p < .05$）。振り返りの回数を重ねるにつれてほかのことを考えない方向で変化する傾向がみうけられた。

第4章　自己調整学習の育成を支援する試み

Table 4-12　4回の振り返りにおける授業中の気持ちの内容による人数の違い

	内容例	振り返り (n=18)			
		1回目	2回目	3回目	4回目
積極的な気持ち	楽しかった，おもしろい	10 (55.6%)	12 (66.7%)	11 (61.1%)	15 (83.3%)
消極的な気持ち	つまらない，めんどくさい	8 (44.4%)	6 (33.3%)	7 (38.9%)	3 (16.7%)

何らかの感情が生じたと考えられる記述のみを分類した。4回にわたり，いずれかの内容を記述した対応のあるデータのみを分析の対象としたため，人数は少なくなっている。

Table 4-13　4回の振り返りにおける情意的な側面の自己調整学習方略の内容による人数の違い

	振り返り (n=31)			
	1回目	2回目	3回目	4回目
提示された方略とほぼ同等の内容	13 (41.9%)	16 (51.6%)	17 (54.8%)	14 (45.2%)
より具体的で独自の方略を示す内容	18 (58.1%)	15 (48.4%)	14 (45.2%)	17 (54.8%)

4回すべてに記述したデータのみを分析の対象とした。「より具体的で独自の方略」の内容例としては「深呼吸しておちつく」「楽しい，おもしろいと思うようにする」「前回やったことを思い出す」などがみられた。

　授業中の気持ちについての自由記述の内容を分類した結果を Table 4-12 に示す。回答の分類は，筆者と心理学専攻の大学院生の2名により独立に行われ，一致率は89.1%であった。不一致であったものについては協議により分類を決定した。4回の振り返りのすべてにわたって，消極的な気持ちを示す内容よりも積極的な気持ちを示す内容のほうが多くの割合を占めていた。振り返りの時期によって内容に違いがみられるかについて Cochran の Q 検定を行ったが有意な差はみられなかった。「ほかのことを考えてしまった」児童は，1回目26.5%（9名），2回目17.6%（6名），3回目24.2%（8名），4回目14.7%（5名）であり，ほとんどの児童がほかのことを考えていなかったと自己評価していた。一部の児童が，ほかのことを考えてしまった内容として，遊びのような授業とは無関係のことや，次の時間の予定，授業から連想されることなどを記述していた。情意的な側面の自己調整学習方略についての記述内容を分類した結果を Table 4-13 に示す。回答の分類は，筆者と心理学専攻の大学院生の2名により独立に行われ，一致率は86.9%であった。不一致であったものについては協議により分類を決定した。すべての児童がほぼすべての振り返りにおいて「提示された方略とほぼ同等の内容」か「より具体的で独自の方略を示す内容」の記述をしており，

Table 4-14 持続性の欠如の低群・高群ごとの各授業クラスの単元テスト低群・高群の人数（残差）

			振り返り授業	通常授業
持続性の欠如低群	単元テスト	低群	6（−0.7）	10（ 0.7）
		高群	8（ 0.7）	8（−0.7）
持続性の欠如高群	単元テスト	低群	6（−1.6）	8（ 1.6）
		高群	12（ 1.6）	5（−1.6）

方略への働きかけがなされていることを確認した[5]。振り返りの時期によって内容に違いがみられるかについて Cochran の Q 検定を行ったが有意な差はみられなかった。

振り返りシートの効果に関するアンケートの結果

4回の振り返りの授業を実施した後のアンケートでは，「すこしそう思う」と「とてもそう思う」を合わせると，73.5％（25名）の児童が振り返りシートによって「授業がしっかり聞けるようになった」，73.5％（25名）の児童が「勉強に向かう気持ちになれた」，61.8％（21名）の児童が「授業中，ほかのことを考えなくなった」，70.6％（24名）の児童が「授業に集中できるように，がんばった」と報告していた。

単元テストの分析

情意面への働きかけが授業目標の達成にどのような効果をもたらしたのか明らかにするために単元テストの分析を行った。単元テスト得点の分布をみると，満点のほうに偏りを示す J 字形となっていた（SD = 7.73）。正規性の検定を行ったところ，正規分布が確認されなかったため，ノンパラメトリック検定を用いることにした。単元テスト得点の中央値（Me = 37）をもとに高低の群分けを行い，両群の間には有意な差があることを確認した上で（t (32.76) = 8.29, p < .01），以下の分析を進めた。持続性の欠如の低群・高群ごとの各クラスの単元テスト低群・高群の人数を Table 4-14 に示す。χ^2 検定の結果，持続性の欠如の低群においては有意な差はみられなかったが，持続性の欠如の高群においては両クラスの間で単元テスト低群・高群の人数の差が有意傾向に近かった（χ^2 (1) = 2.43, p = .119）。持続性の欠如の高群において振り返りシートを実施した授業のほうが単元テスト得点の高い群の人数が多い傾向がみうけられた。

---

[5] 1名のみが1回目の振り返りで方略に関する記述がなかったが，2, 3, 4回目の振り返りではすべて「より具体的で独自の方略」に該当する記述がなされていた。

第4章 自己調整学習の育成を支援する試み

◆ 考　察 ◆

　本研究の目的は，算数の授業において，認知面に加え情意面の自己評価とともに，情意的な側面の自己調整学習方略の使用を促す働きかけを行うことで，児童の授業に対する自己効力感，情意面の自己認識および自己調整を向上しうるのかどうか，とりわけ持続性に欠ける児童において大きな伸びを示しうるのかどうかについて検証することであった。さらに，割り算に関する理解と計算スキルの習得という授業目標の達成に対しても同様の相乗効果をもたらしうるのかどうかの検討を行った。分散分析を行った結果，交互作用がみられ，情意面の振り返りシートを導入したクラスのすべての児童（持続性の欠如の高低両群）が，授業に対する自己効力感を高めていた。また，有意傾向ではあるが，交互作用が示され，振り返りシートの導入によって情意面の自己調整を高めうる可能性が示唆された[6]。振り返りシートの分析をみると，「授業をしっかり聞くことができた」と「勉強に向かう気持ちになっていた」の項目で，上昇する方向で変化がみられた。また，4回の振り返りのすべてにわたって積極的な気持ちを示す内容のほうが多くの割合を占め，ほとんどの児童がほかのことを考えていなかったと自己評価していた。授業後のアンケートにおいても，ほとんどの児童が授業に積極的に取り組めるようになったことを報告している。さらに，方略については，すべての児童がほぼすべての振り返りで記載をしており，その利用を促す働きかけがなされていることが確かめられた。また，有意傾向に近いというものであるが，持続性の欠如の高群において振り返りシートを実施した授業のほうが単元テスト得点の高い群の人数が多い傾向がみうけられた。

　これらのことを総合してみると，認知面だけでなく，情意面の自己評価を繰り返すことによって，子どもたちに対し，単元授業の進行とともに割り算に対する理解や計算スキルが向上しつつあること，授業に集中して耳を傾け積極的に取り組む気持ちになってきていることをはっきりと自覚させ，うまくいっているという自覚が，この先も授業に積極的に取り組んでいける，授業についていけるという自信のようなものにつながっていったものと思われる。この自己強化のメカニズムは，情意的な側面の自己調整学習方略の情報提示と使用の促進によって，さらに強められていったといえるのではなかろうか。すなわち，方略の提示は，単に授業が聞けたとか積極的に取り組めたということだけでなく，次の授業にどのように取り組んでいけばよいかという

6）情意面の自己調整については，質問紙での評定ではあるが，問うているのは，実際に授業に対して意欲を向けようとする実行レベルであり，影響の可能性が示唆されるという程度にとどまるものであったのだろう。さらなる働きかけを行うことで，確かに影響が及ぶものであるのかどうか，検討していく必要がある。また，本研究では主に児童の意識面の検討が中心になっているため，行動自体を取り上げて調べていく必要もある。

具体的な見通しを与えるものであり、「今回もできたし、次回もできそうだ」と相乗的に自己効力感を高める働きをもったものと考えられる。そして、これは実際に方略の使用を促すものであっただろう。おそらく、高められた自己効力感は、次の授業での積極的な取り組みを促し、そして、理解の深まりやスキルの向上をもたらすことで、自己評価を高めていき、その結果として、さらに自己効力感を高めていったものと思われる。ここでは、有意傾向に近いというものであったが、持続性に欠ける群において、振り返りシートの導入が、割り算についての理解と計算スキルの習得という授業目標の達成に対し寄与しうる可能性が示唆されている。この可能性についてさらなる確証を得るためには、1単元、4回の振り返りにとどまるのでなく、単元を越えて、さらに継続的に振り返りシートを実施していく必要があるだろう。持続性に欠ける群が大きな伸びを示すであろうという仮説が明確に検証されなかったのも、ここに1つの理由があるように思われる。持続性に欠ける児童にとって、4回の振り返りでは、自己効力感がまだ十分に確かなものになりえておらず、方略に関しても実行によってその効果を強く実感するまでには至っていないのであろう。持続性の低い子どもたちにこのような定着を図る意味でも、情意面の振り返りシートを継続すること、他の単元にも導入すること、さらには算数以外の教科においても検討を行うことが、今後、取り組むべき課題といえる。

　同じ単元において認知面の自己評価のみを行った通常授業で効果がみられたのは、唯一、持続性に欠ける群で、授業に対する自己効力感を高めたというものであった。やはり、認知面と情意面が一体となった自己評価のほうが、すべての児童に対し、情意面の育成を促し、そして、それが基盤となって認知面を支えていく効果が期待できるといえるだろう。通常授業で持続性を欠く群の児童にのみ効果がみられたのは、もともとベースラインが低いために、変化が生じやすかったのではないかということと、単元が進むにつれ、一定のスキルの向上とともに、一面的ではあるが認知面のみの自己評価によって、やり遂げたという達成感が得られ、その結果として、できそうだという自信につながっていったのではないかということが考えられるだろう。

　研究Ⅷと同様に、ここでも、情意面の自己認識については、授業の前後における変化には有意差は認められなかった。メタ認知研究では、発達的にみて5年生ぐらいで自覚的に課題を遂行することができるようになるとされているが（岡本，1992）、短期的な働きかけでは容易に変容しにくいのかもしれない。また、項目内容をよくみると、やや抽象的な問い方になっており、項目数自体も少なく、自己認識の程度が十分にとらえきれなかった可能性も考えられる。今後、さらなる検討が必要だろう。

　研究Ⅹでは、割り算の単元学習において振り返りシートを用い、認知面に加え情意

面の自己評価を行い，さらに情意的な側面の自己調整学習方略の使用を促す働きかけを組み合わせることで一定の相乗効果が期待できることが示唆されたが，観察による評価や作品の評価，ポートフォリオ評価など，多様な方法による検討も必要だろう。多面的な評価によって，さらに情意面の育成を促し，それらが認知面を支え，両者が一体となることで，主体的な学び，すなわち，自己調整学習の成立へとつながっていくものと考えられ，よりよい実践のあり方を明らかにしていくことができるだろう。

第 5 章
自己調整学習研究の今後に向けて

　本章では，各研究から得られた結果について総括を行い，実践上の示唆や今後の課題について述べる。また，将来の研究の方向性や可能性について議論する。

第 1 節　本研究の結果の総括

これまでの研究結果は，以下のようにまとめられる。

　［研究Ⅰ］（p.35～参照）：中学生を対象に，認知的側面に重点をおいた自己調整学習方略尺度の邦訳版が作成された。因子分析の結果から「一般的認知（理解・想起）方略」「復習・まとめ方略」「リハーサル方略」「注意集中方略」「関係づけ方略」の下位尺度で構成された。これらの尺度と動機づけ関連変数である自己効力感，内発的価値との間に関連がみられることを確認した。
　［研究Ⅱ］（p.40～参照）：中学生を対象に，自己動機づけ方略尺度を作成し，4種類の動機づけ，学業ストレス対処方略，学業ストレッサー評価との関連について調べ，尺度の概念的妥当性の検討を行った。結果として，自己動機づけ方略尺度は「整理方略」「想像方略」「ながら方略」「負担軽減方略」「めりはり方略」「内容方略」「社会的方略」「報酬方略」の 8 つの下位尺度からなることが示され，これらのうち「整理方略」「想像方略」「めりはり方略」「内容方略」「社会的方略」

が内発的調整方略を,「負担軽減方略」「報酬方略」が外発的調整方略を構成することが明らかとなった。より内発的な動機づけとかかわりがあった整理方略,想像方略,めりはり方略,内容方略,社会的方略が,直接的で積極的なストレス対処方略と関連を示し,一方,外的動機づけとかかわりが示唆された負担軽減方略と報酬方略が,外的で回避的なストレス対処方略と関連を示し,これらの下位尺度の概念的妥当性が概ね支持された。

[研究Ⅲ]（p.50～参照）:自己効力感および学習時の不安感→認知的側面と動機づけ的側面の自己調整学習方略の使用→学習の持続性の因果関係を検証し,自己調整学習方略の機能差を明らかにした。中学生に対して,試験の1ヶ月前と1週間前の2回にわたり調査が実施された。共分散構造分析の結果,自己効力感が高いものほど,認知的側面の自己調整学習方略と内発的調整方略をよく用い,外発的調整方略は用いていないことが示された。学習時における不安感が高いものほど,認知的側面の自己調整学習方略,内発的調整方略,外発的調整方略のすべての自己調整学習方略をよく用いていることが明らかとなった。内発的調整方略の使用が学習の持続性の欠如と負の関連を示し,一方,外発的調整方略の使用は学習の持続性の欠如と正の関連を示していた。認知的側面の自己調整学習方略の使用による学習の持続性への影響は検出されなかった。

[研究Ⅳ]（p.55～参照）:自律的動機づけ→認知的側面と動機づけ的側面の自己調整学習方略の使用→思考力の因果関係を検証し,自己調整学習方略の機能差についてさらに明らかにした。小学生を対象に調査が行われ,結果として,有意傾向であるが,認知的側面の自己調整学習方略の中でも意味理解方略のほうが思考力と正の関連を示していた。暗記・反復方略は,自律的動機づけが高いものがよく使用する方略であることが示されたが,思考力を規定するものではなかった。思考力および自律的動機づけと自己動機づけ方略の間に関連は示されなかった。

　研究Ⅰから研究Ⅳを総じてみると,認知的側面の自己調整学習方略については,先行研究と一致して,自己効力感や内発的価値といった動機づけ関連変数とほぼ一様に関連が認められた。それに対して,動機づけ的側面の自己調整学習方略に関しては,特に動機づけや動機づけ関連変数とのかかわりをみた場合,異なる特徴を示す下位の方略から構成されていることが明らかとなった。すなわち,内発的な動機づけや自己効力感とかかわりをもつ内発的調整方略と外的動機づけとのかかわりが示唆された外発的調整方略に大別できることが示された。また,因果関係の分析から,認知的側面というよりも動機づけ的側面の自己調整学習方略のほうが,学習の持続性をより直接

第 5 章　自己調整学習研究の今後に向けて

的に規定していることが示唆された。また，思考力のような成果の側面を取り上げると，認知的側面の自己調整学習方略がかかわっていることが示唆された。第 1 章での学習方略のカテゴリーの検討において，先行研究から，認知的側面は，認知的方略とメタ認知的方略に分けられることを指摘したが，動機づけ的側面に関しては，内発的調整と外発的調整の構造を有していること，これらが認知的側面の自己調整学習方略とは異なる働きをしていること，特に内発的調整方略が動機づけに積極的な影響をもたらしていることが明らかにされた。これらの結果から，自己調整学習方略の構造と機能に関し，従来の認知的側面に偏してきた一面的な理解からより重層的で統合的な理解を可能とする知見が得られたと考えられる。

　［研究Ⅴ］（p.61〜参照）：発達の観点から，小学校 4 年生の子どもが，どのような学習方略に関する知識をもち合わせておりそれを実行しているのか，それらが自己効力感や内発的価値とどのようにかかわっているのか，さらに，メタ認知的知識，学業成績がどのように関係しているのかについて検討した。その結果，「学習手段の利用」「基礎的学習方略」「自己調整学習方略」の 3 つのカテゴリーが見いだされ，4 年生において，一定程度，自己調整学習方略が獲得されている可能性が示唆された。また，メタ認知的知識のある子どもほど，自己調整学習方略の知識の程度が高く，その使用程度も高い傾向にあり，学業成績も高いことが明らかとなった。この学年の段階では，自己調整学習方略と自己効力感，内発的価値との間に関連は示されなかった。
　［研究Ⅵ］（p.68〜参照）：長期的な視点から，4 年制大学生と短期大学生を対象に，どのような学習方略を，いつ，誰から，どのようにして獲得し，どの程度使用していたかについて，自由記述に基づく調査を行った。「不適応的学習方略」「抽象的学習方略」「基礎的学習方略」「自己調整学習方略」のカテゴリーが設定された。獲得の仕方としては，他者からでは「口頭での注意や忠告」や「授業などの一斉指導」によるものが多く，自らでは，「経験・実体験」や「問題解決，困難の克服」「有効性の認識」によるものが多かった。学校段階が進むに従い，より自己調整的な学習方略を自ら獲得するようになり，それらをよく使用するようになるという様相が示唆された。4 年制大学生と短期大学生を比較した結果，自ら獲得した学習方略のうち，4 年制大学生は「自己調整学習方略」が，短期大学生は「基礎的学習方略」が多かった。このことから，学習経験を重ねることで学習方略が洗練されていく可能性が示唆された。小・中・高の学校段階ごとに，獲得される学習方略の内容をみると，小学校で「抽象的学習方略」が多く，リソースとして

115

は，小学校では，母親が多く友人が少ないが，高校では，母親が少なく友人が多かった。学校の教師は，学校段階にかかわらず一貫して重要なリソースになっていた。

［研究Ⅶ］（p.76～参照）：「抽象的学習方略」「基礎的学習方略」「自己調整学習方略」のカテゴリーの水準とその使用頻度とを掛け合わせた新たな指標でもって，4年制大学生と短期大学生で差異を検討したところ，他者から獲得した学習方略については有意差はみられず，自ら獲得した学習方略において有意差が認められた。4年制大学生のほうが，自ら「自己調整学習方略」を獲得し，より多く用いていることが明らかとなった。既存の学習方略尺度でも同様の結果が得られ，これらの異なる測定方法の間に有意な正の相関が示された。さらに，動機づけについても，4年制大学生と短期大学生の間に違いがみられ，4年制大学生のほうが自律的な動機づけが高かった。また，学習方略と動機づけとのつながりについて全体として分析を行った結果は，予測されたように，自ら自己調整的な学習方略を獲得し，それをよく用いている人は，内発的動機づけが高く外的動機づけは低かった。

　研究Ⅴから研究Ⅶにおいては，発達的な検討を試みた。まず，小学校4年生において自己調整学習方略に関する知識とその使用が一定程度みられることが確認され，研究Ⅷ以降の5，6年生を対象とした学習方略支援が有効でありうる1つの根拠が提供された。また，自己調整学習方略にはメタ認知がかかわっていることも明らかにされ，このことは，長期的な変化の様相として，小学校・中学校・高校と学校段階が進むに従い，より自己調整的な学習方略を自ら獲得するようになるという結果にも反映されていると考えることができるだろう。それに加えて，自己調整学習方略は，様々なリソースを通じて様々な仕方で獲得がなされている実態も明らかになった。このような実態から，働きかけによって学習方略の使用を促す組織的，計画的な学習支援の必要性が示された。4年制大学生と短期大学生との比較からは，学習方略と動機づけがつながりをもちつつ，自律的になっていく過程が示唆された。

［研究Ⅷ］（p.83～参照）：小学校6年生を対象に，ワークシートによる学習活動の振り返りによって自己調整学習方略の使用を促す働きかけを行い，その結果，持続性に効果が示された。また，自己動機づけ方略の使用程度による効果を調べた結果，持続性と内発的興味において有意差がみられた。さらに，動機づけ低下時の方略の変化による効果の検討では，内発的興味に差が認められた。部分的なものではあるが，児童における自己動機づけ方略の使用を促す働きかけの有効性

が示唆された。

［研究Ⅸ］（p.90〜参照）：方略の自己選択の機会と動機づけのタイプを考慮することで，個に応じた自己調整学習方略の使用を促す働きかけを試みた。働きかけは，小学校5年生を対象とし，計算の宿題場面を通して行われた。半数以上の児童が，自ら選んだ自己動機づけ方略の使用によって動機づけを高める効果があったことを認めていた。4種類の動機づけと動機づけおよび動機づけ関連変数との偏相関を調べたところ，有意傾向に近いというものであったが，外的動機づけと取り入れ的動機づけが高いものほど，働きかけによって宿題への動機づけを高める方向での変化がみられる可能性が示唆された。部分的な結果ではあるが，動機づけの個人差によって，働きかけの効果に違いが生じうる可能性が示唆された。

［研究Ⅹ］（p.98〜参照）：算数の授業において，認知面に加え情意面の自己評価とともに，情意的な側面の自己調整学習方略の使用を促す働きかけが，児童の授業に対する自己効力感，情意面の自己認識および自己調整を向上しうるのか，特に持続性に欠ける児童に効果がみられるのか，さらには授業目標の達成にも寄与しうるものなのかを検証した。小学校5年生を対象に，小数の割り算の単元で，一方のクラスで情意面の振り返りシートを導入し，もう一方のクラスでは認知面の自己評価のみの通常授業を行った。結果として，振り返りシートを導入したクラスの児童が，授業に対する自己効力感を高め，情意面の自己評価を向上させていき，振り返りシートによって授業に積極的に取り組めるようになったことを報告していた。振り返りシートによる働きかけが割り算に関する理解と計算スキルの習得に対しても寄与しうる可能性が示唆された。

研究Ⅷから研究Ⅹにおいては，実際に自己調整学習方略の獲得を促す働きかけを試みた。研究Ⅰから研究Ⅳの自己調整学習方略の構造と機能に関する検証から，自己調整学習の成立には，学習方略と動機づけが中核的な役割を果たしているが，その学習方略の中でも動機づけ的側面の自己調整学習方略に働きかけることが重要であり有効であること，また，研究Ⅴから研究Ⅶの自己調整学習方略に関する発達的検討から，学習方略が自律性を帯びはじめる児童期後期を対象に，外から促す働きかけが必要であることが示唆された。これらの知見をふまえて，教育実践の現場において働きかけの効果の検証を進めた。部分的ではあるが，研究Ⅷから，振り返りによって方略の使用を促しうること，研究Ⅸから，個人差によって働きかけの効果に違いがみられる可能性が示唆され，研究Ⅹでは，これらの点をおさえて，授業場面での働きかけが計画された。振り返り，とりわけ，情意面の自己評価にアプローチすることで，動機づけ

構造と機能の解明（横断面）

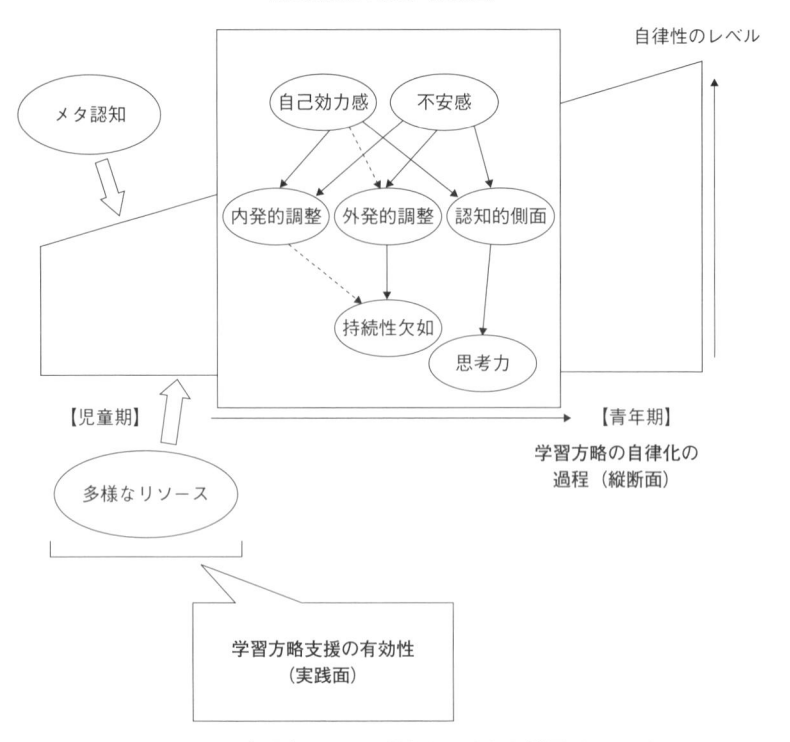

```
           自己効力感　不安感              自律性のレベル ↑
    メタ認知
              内発的調整　外発的調整　認知的側面

                      持続性欠如
                              思考力
【児童期】                              【青年期】
                                      学習方略の自律化の
    多様なリソース                     過程（縦断面）

        学習方略支援の有効性
            （実践面）
```

Figure 5-1　本研究によって明らかにされた結果（点線は負の関連）

的側面の自己調整学習方略の獲得を促し，動機づけへとつなげていく学習方略支援が有効である可能性が示唆された。

　以上，本研究によって明らかにされた結果を図示すると，Figure 5-1 のようになる。

第2節　得られた成果と今後の課題

　本研究では，自己調整学習方略，動機づけ関連変数，動機づけの関係に着目し，自己調整学習の成立過程を解明しようとした。第2章では，これらの変数の因果関係から自己調整学習方略の機能差を明らかにした。第3章では，発達の視点から，どのようにして自己調整学習方略が獲得されるか，検討した。第4章では，教育実践場面に

第5章　自己調整学習研究の今後に向けて

おいて，自己調整学習方略の獲得を促す支援を試みた。ここでは，これらの研究を通して得られた成果について検討を行い，あわせて研究の問題点と今後の課題について述べる。

1. 諸側面から構成され諸機能をもつ自己調整学習方略

　従来，学習方略に関する研究では，認知的側面を中心に検討が進められてきたが，本研究では，動機づけ的側面にも焦点をあてて尺度作成を行い，結果として，自己調整学習方略は外発的調整方略と内発的調整方略からなることが明らかとなった。また，これらの尺度を用い，自己効力感および不安→自己調整学習方略→持続性の因果関係の検証を行ったところ，自己調整学習方略には機能差がみられることが示された。すなわち，動機づけ的側面の自己調整学習方略の中でも，とりわけ内発的調整方略のほうが学習の持続性を促す働きをしており，外発的調整方略にはそのような働きがみられなかった。認知的側面の自己調整学習方略は，持続性に対して影響を示しておらず，思考力などのような認知活動自体やその成果である学業成績をより直接的に規定していることが考えられた。

　これまで，自己調整学習方略に働きかけを行う場合，主として認知的側面に集中してなされることがほとんどであった。本研究の結果をふまえれば，認知的側面と同時に動機づけ的側面にも働きかけを行う必要があり，特に内発的調整方略の使用を促すような支援が求められるといえる。自己調整学習方略の認知的側面への働きかけによって学習における認知活動の効率化をめざしながら，動機づけ的側面へも働きかけを行うことで，やる気を維持したり，さらに高めたりするような有機的・連関的な学習方略支援が必要といえるだろう。その際，本研究により明らかにされた方略のリストが有効であり，それらは具体的にどこにどう働きかけていけばよいかを判断する手がかりとなり，支援方策の立案が容易になるものと思われる。第4章では，動機づけ的側面に焦点を絞って検証を行い，一定の効果が確かめられたが，今後は認知的側面も含めた総合的な学習方略支援プログラムの立案とその実証が求められよう。また，ここでは，尺度の概念的妥当性の検証によって，内発的調整方略にあたる5つの方略がより内発的動機づけと関連を示し，外発的調整方略にあたる2つの方略が外的動機づけと関連を示していることが明らかとなった。Ryan（1993）や速水（1995）の指摘のように，動機づけが連続体をなしていることを考えると，教育実践上，より外発的な段階からより内発的な段階へと移行していくような学習支援が求められるが，本尺度によって，学習者がどのような自己動機づけ方略を用いているかを見極め，その利用を促すことで，プロセスの移行を促す学習方略支援が可能になるものと思われる。

119

変数間の関連に関して，今後の課題としては，まず，因果関係の問題があげられるだろう。研究Ⅲでは，時系列に沿って因果モデルの検証を行うことで，機能差について明らかにした。このモデルに従い，試験以前の時点での自己効力感に加え，平常時の不安感にも着目し働きかけを試みることで，適切な自己調整学習方略の使用を促し，結果として学習への取り組みを改善していくような学習支援が有効となることが示唆された。また，研究Ⅳでは，自律的な動機づけを高めることが，意味理解方略のような深い処理を要する自己調整学習の使用を促し，思考力が高まっていく可能性が示唆された。しかし，逆因果の可能性についても考慮しておく必要があるだろう。すなわち，第1章でふれ，Figure 1-7で示したように，自己調整学習方略を用いることで，手ごたえが得られ，再び自己効力感へとつながっていくような循環関係が存在している可能性は十分に考えられる。この点は，研究Ⅹの結果からも示唆されるだろう。本研究では，機能差を明らかにすることが主眼であり，また，先行研究の知見をふまえ，上述した因果モデルを想定したが，今後，変数間の因果関係についてさらに詳細に検討を重ねる必要があろう。

　内発的価値についてであるが，認知的側面の自己調整学習方略との結びつきについては確かめられたが，動機づけ的側面の自己調整学習方略との関係については明確には検証がなされなかった。研究Ⅰで作成された「注意集中方略」では相関が示されたが，この方略は動機づけ的側面の一部に過ぎず，また，研究Ⅱでは内発的動機づけとの関係が調べられたが，両者は，概念的にも項目内容からもかなり共通性が高いものではあるものの，価値の部分が含まれていない点で異なっている。認知的側面と動機づけ的側面の異同をはっきりさせるためにも，内発的価値を取り上げて，自己動機づけ方略との関係を検証しておく必要があるだろう。

　また，本研究では，学習方略に関する先行研究を概観した上で，自己調整学習を認知的側面と動機づけ的側面とに分けてとらえたが，他の側面の存在が仮定できるかもしれない。Pintrich（2000）は，自己調整学習に関する研究を整理し，自己調整の領域として，「認知」「動機づけと感情」「行動」「文脈」があるとしている。「行動」の自己調整方略（行動コントロール）は努力や粘りを調整するものであり，ほとんどの動機づけ方略は行動のコントロールという側面を含んでいるものと考えられると言うPintrich（2000）の指摘に従えば，本研究において仮定した「認知」と「動機づけと感情」の大別に問題はないだろう。動機づけの成分に感情と行動が含まれることから考えても，大きな問題はないものと考えられる。しかし，仮に，学習上の目標に向けて，動機づけを調整することを直接的に意図したものではないが，何らかの感情や行動を自己調整することで学習の効率化を図ろうとするような方略があるとすれば，そのよう

な側面の自己調整学習方略についての検証が必要かもしれない。学業場面における感情の問題は，先行研究においても指摘されているところでもあり（丹羽，1993；上淵，2008），今後，さらに検証を深めていく必要がある。Pintrich（2000）は，教師との駆け引きや課題を易しくすることといった「文脈」の自己調整をあげているが，そのような外的な環境とのかかわりに焦点をあてた側面の検討も必要かもしれない。本章第3節の展望においてもふれるが，これら以外にも，自己調整の過程をうまくとらえるためのまったく異なる次元の設定がありうるかもしれない。今後の検討課題であろう。これらの点に加えて，そもそも学習者は，進行中の学習過程において，どの側面を自己調整しているかを明確に意図しているわけではないだろう。学習の目標に向けて，様々な側面が複合的に自己調整され，変更や修正が加えられ，方略使用がなされているものと思われる。本研究で仮定し，一定の知見が得られた「認知」「動機づけ」の二分法は，実際に学習方略支援に取り組む際の視点を与えるものであり，実践的な意義が十分にあるものと考えるが，他の諸側面がありうることを考慮しておく必要はあるだろう。

2. ミクロ・マクロプロセスとしての自己調整学習

　主に第3章での発達的な検討結果から，小学校4年生で，一定程度，自己調整学習方略が獲得されている可能性が示唆され，児童期後期から青年期にかけて，様々なリソースから様々な仕方で学習方略が獲得されていく様相が明らかとなった。そのように学習が自律化していく過程において，メタ認知や動機づけがかかわっていることも示された。教育場面において，自ら学習方略を使用することで，その効果を実体験したり，問題の解決に役立て，有効性の認識を高めたりできるような組織的，計画的な学習方略支援の必要性について指摘がなされ，第4章では，これらの結果をもとに自己調整学習が成立しはじめる児童期後期の子どもを対象とし，実際に働きかけを行った。そして，研究Ⅷから研究Ⅹにより，一定の効果がみられることが示された。

　大掴みの傾向ではあるが，第3章で得られた成果は，どの時期に，どのような学習方略を，どのようなリソースを介して働きかければよいかという教育実践上の基礎資料を提供するものであり，一般的な発達の道筋を知るという意味でも，また，どのような面を補償していけばよいか判断するという意味でも，一定の示唆を与えるものであったと考えてよいだろう。ただし，実践の根拠となる研究としての有用性をさらに高めていくために，今後，以下に記すような検討課題について取り組んでいく必要があろう。

　まず，カテゴリーに含まれている個々の学習方略の発達の様相について明らかにし

ていく必要があるだろう。特にどのような方略が自ら獲得されやすいのか，あるいは，他者を通して獲得されやすいのか，それぞれのリソースに応じて獲得されやすい方略はあるのかどうかについて，さらに個別的，具体的に検証していかなければならない。これを推し進めていけば，認知研究やメタ認知研究と接点をもつことになるだろう。例えば，メタ認知研究では，個々のメタ認知機能として，プランニングやモニタリングなどが取り上げられ，これらの発達の様相が明らかにされてきている。これらの研究で検討がなされているのは，課題に密着した部分であり，微細な認知機能であり，ここでとらえようとしている学習過程や学業達成過程における方略使用とはいささか次元を異にするところがある[1]。自己調整学習に関する研究は，認知研究やメタ認知研究といった基礎的研究と現場における教育実践とを橋渡しするものととらえられるだろうが，実践への寄与を高めていくために，発達の様相を分析的に検証していく理論の精緻化と，そこで得られた知見の実践への適用可能性を高めていく理論の実践化の両方向に意を注いでいく必要があるだろう。

　第3章では，長期的な視点から変化のプロセスを追い，また，研究Ⅲでは，試験の1ヶ月前と1週間前の2回にわたり調査が実施され，因果関係の分析が行われているが，さらに微細に自己調整の過程を明らかにしていくためには，時系列に沿ったデータの収集による検討が求められる。本研究で取り扱ったのは，マクロ・プロセスと呼べるもので，ミクロ・プロセスについての検証が必要といえる。すなわち，現実の学習場面を微視的にみていくと，学習方略は，課題や状況に応じて選択され適用されていくものであり，継時的に変化していく性質をもつものと考えられる。動機づけの状態に合わせてどのような動機づけ的側面の自己調整学習方略が適用されていくのか，学習活動の進捗状況に合わせてどのような認知的側面の自己調整学習方略が適用されていくのかについて明らかにすることで，学習支援の可能性も高まるものと思われる。また，このような方略の適用過程を通して，新たな学習方略が獲得され，徐々に学習が自律化していくことも推測されるため，ここで明らかにされた長期的な変化の様相と短期的な変化の様相との相互関係について詳細に調べていく必要があるだろう。今後，このような二重の（あるいは多重の）プロセスについて統合的にとらえていく視点が求められよう。第3節では，これらの点にかかわる欧米の最新の研究動向を紹介する。

---

[1]　メタ認知と自己調整学習の概念上の関係については，三宮（2008），丸野（2008）などを参照のこと。2008年の *Educational Psychology Review*, Volume 20, Number 4 では，メタ認知，自己調整，自己調整学習に関して特集が組まれ，興味深い議論が展開されている。

3. 学習方略支援システムの構築

　本研究では，第2章，第3章での結果をもとに，実践場面において，動機づけ的側面の自己調整学習方略の獲得を促し，動機づけにつなげていくことで，学業達成へと導く学習方略支援を試みた。そのような試みはこれまでほとんどなく，一定の効果を明らかにできたことは，自己調整学習研究の実践への適用可能性を広げるものであり，意義のある結果だといえるだろう。小学校5，6年生に対するワークシートによる1週間の振り返り，宿題場面での方略実行，授業場面での振り返りといった様々な場面，様々な方法を通して，自己調整学習方略の使用を促す働きかけが一定の有効性をもち，その際，動機づけのタイプや持続性の程度といった個人差に応じる必要性が示唆された。

　第3章では，学校教育場面において，自己調整学習方略の使用を促す機会をもっと設けてもよいのではないかとの提言を行ったが，第4章の結果から，例えばホームルームの時間などを利用し，一度学習活動を振り返ってみるよう働きかけを行い，その際に自分自身の学習方略についてしっかり見つめ直すよう促すことがあってもよいのかもしれない。

　宿題を与えるにしても，単に範囲と締め切りを提示するだけでなく，あわせて有効と考えられる自己調整学習方略について情報提示を行い，その利用を勧めるようなことがあってよいだろう。篠ヶ谷（2008）は，予習が，授業中の学習方略（ノートのメモなど）を介し，授業理解を促すというプロセスに関して示唆を得ているが，家庭での学習が学校での学習へといったように場面を越えて望ましい転移効果をもたらしていく上で，自己調整学習方略への働きかけが鍵を握るのではないかと推測される（市川，2004など参照）。

　授業においても，振り返りシートは現場で盛んになされている実践であるが，認知面だけでなく情意面にも着目し，あわせて自己調整学習方略の獲得を促す働きかけを繰り返すことで，さらに子どもの学習効果を高め，自律的な学習へとつなげていくような実践が必要といえるだろう。こういった取り組みは，まさに，自ら学び自ら考える力，すなわち，生きる力を育成するものといえよう。現在，教育課程の改訂により「総合的な学習の時間」が設けられ，総合学習に関する研究実践が多くなされてきている。この時間の主なねらいには，自ら学び自ら考える力を育てること，学び方やものの考え方を身につけることが含まれている。このことからすると，その時間の枠内に，組織的，体系的な自己調整学習方略の指導がもっと組み込まれるべきものと考える。植木・清河・岩男・市川（2002）は，テーマ学習において自己調整的活動の支援を試み

ているが，今後は自己調整学習方略の動機づけ的側面と認知的側面のそれぞれに着目し，働きかけを試みていくような実践研究が求められるだろう。

　研究Ⅷ，Ⅸ，Ⅹという3つの実践研究を通し，概ね一定の効果は認められたのであるが，はっきりとした効果が示されなかった部分もいくつかみられている。これには，既に研究Ⅸの考察でふれたように，実践研究に特有の困難さがかかわっていると考えられるだろう。質的アプローチを援用するなど，現象を深くとらえる研究手法を考案していかなければならない。また，ここで行われた働きかけは，せいぜい1単元か，4週間という短い期間に過ぎず，自己調整学習方略の獲得をより確実なものとするには，長期間にわたる継続的な働きかけが必要かもしれない。

　第4章では，課題や場面の特性に応じ，対象学年も考慮しながら，現場の教師に妥当性の確認を得た上で，自己調整学習方略の選択を行い，その使用を促す支援を試みた。しかし，このように，第2章で得られた方略のリストを実践に適用していく際には，より具体的で明確な判断基準が必要となってくるだろう。どのような場面でどのような方略を使うように支援するとよいか，今後さらに明確にしていく必要があり，学習方略支援システムの構築を可能とするような研究が求められるだろう。そのような理論の実践化を推し進める研究をさらに積み重ねていくことで，自己調整学習の概念が，生きる力を育てる教育実践の拠り所として，その意義をさらに高めていくものと思われる。

第3節　自己調整学習研究の今後の展望のために

　自己調整学習研究は，欧米を中心に精力的に進められており，様々な方面に展開しつつある。最後に，自己調整学習研究の今後の展望を描く手かがりとして，いくつかの研究を紹介し，論じておくことにする。

　本書では，自己調整学習方略を認知的側面と動機づけ的側面から検討を行ったが，新たな次元の可能性について取り上げ，次いで，多様な方法論に基づく研究が増えつつあり，研究法の観点から自己調整学習研究にどのような広がりがみられるようになってきているか，みておきたい。そして，最後に，最近の学会の動向をふまえ，注目を集めつつある研究テーマについてふれておくことにする。

1.　自己調整学習方略をとらえる側面——認識－身体の次元から

　自己調整学習方略をとらえる側面として，認知的側面と情意的側面は重要なものと

いえるが，第2節1項でも指摘したように，他の側面の存在も考えられ，さらに検討を進めていく必要があるだろう。ここでは，多様な次元の可能性についての今後の示唆を得るべく，1つの研究を紹介しておきたい。足立（2007）は，国語の学習方略に関して，意味理解と暗記・反復による学習を「読む」ことによって行う方略と，「書く」ことによって行う方略があるのではないかと考え，これらの機能差について調べている。書くことは，身体の技能に頼るものであり，認識−身体の2側面によっても学習方略は分類できるかもしれない。

Figure 5-2 [2] に主な結果を紹介しておく。1要因の分散分析および下位検定を行ったところ，使用得点に関して「意味理解（読み）」＞「暗記・反復（書き）」＞「暗記・反復（読み）」＞「意味理解（書き）」の順で，コスト得点に関しては「意味理解（書き）」＞「暗記・反復（書き）」＞「意味理解（読み）」＞「暗記・反復（読み）」の順で有意差が示された。認識の次元では，同じ意味理解や暗記・反復であっても，書くことによるほうがコストの感覚が高いということが明らかにされている。実際の使用についても，コストの順序とは異なり，「読む」ことによる「意味理解」がよく用い

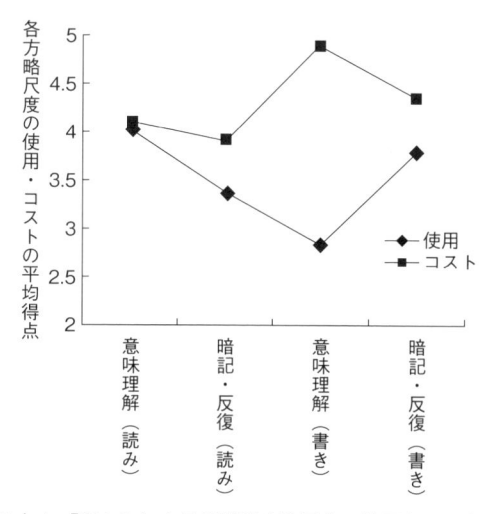

Figure 5-2 「読み」と「書き」による各学習方略尺度の使用とコストの平均得点
公立中学校2校の1年生から3年生427名を対象とし，市原・新井（2005）の国語の「意味理解方略」「暗記・反復方略」尺度をもとに，「読み」と「書き」による方略として回答を求めた。速水ら（1996）の4種類の動機づけ尺度もあわせて実施している。

---

[2] ここでの結果は，筆者が担当したゼミ生である足立麻衣さんの卒業論文（足立，2007）のデータをもとに本人の許可を得て作成し直したものである。記して深謝する。

られ，次いで，「書く」ことによる「暗記・反復」がよく用いられているという結果が示されている。

　また，この調査では，学習方略のコストの感覚をもとに低群・高群を設定し，各学習方略の使用と4種類の動機づけとの関連についても調べている。その結果，コスト高群であっても，内発的動機づけが高いと「読み」と「書き」のすべての学習方略をよく使用していることが明らかにされている。すなわち，たとえ学習方略の使用に負担を感じたとしても，あるいは，高いコスト感を抱くような学習方略であったとしても，学習に対して興味やおもしろさを感じ，動機づけられていれば，そういった学習方略をよく利用しているということである。今後，それぞれの学習方略にどのような効果がみられるかについて検証が求められるが，「読む」ことによる学習方略に働きかけたり，「書く」ことによる学習方略に働きかけたりしながら，方略のレパートリーを豊かにする学習支援のあり方についてさらに検討を進めていく必要があるだろう。「認知－情意」「認識－身体」など，学習方略が有する多様な側面の機能差に着目し，それらの知見をふまえて，統合的，連関的に学習方略を用いることを支援する研究や実践が，自己調整学習者を育てる上で求められるだろう。

2. 新たな方法論による自己調整学習の検証

　ここでは，Zimmerman（2008）の議論を手がかりにして，新たな方法論に基づく自己調整学習研究の可能性について論じておきたい。第1節では，自己調整学習におけるミクロ・マクロプロセスの問題について指摘をしたが，欧米の研究などでは，斬新な方法論に基づくアプローチが試みられつつあり，自己調整学習の理論と実践に対して，さらなる展開をもたらすような動きがみられつつある。

　近年，コンピュータを取り巻く環境に目覚ましい革新がみられているが，こうした動向は，自己調整学習研究に多大な影響を与えるようになってきている。Winne, Nesbit, Kumar, Hadwin, Lajoie, Azevedo, & Perry（2006）の研究グループは，"gStudy"と呼ばれるソフトウェアを開発し，自己調整学習に関する検証を進めている。これは，ノートの作成，用語解説や目次，概念図の作成，情報検索，チャットや協働作業，コーチを受ける，といった多彩な機能によって学習を効果的に進めていくことを支援するプログラムである。学習者は，自分が作った文章や素材をPC上にアップロードすることができ，また，必要に応じてチューターや仲間といった社会的リソースから支援を得ることもできる。これは，まさに，自己調整学習を促進し実現する学習環境といってよいかと思われる。gStudyには，「ログ・アナライザー（log analyzer）」という機能があり，学習者の学習方法，例えば，文章を強調する，援助を要請する，

フィードバックを得るなどの頻度やパターンといった履歴（traces）に関して記録することが可能となっている。これは，自己調整プロセスについてオンラインでの測定を可能とする環境を提供するものであり，新たな方法論を提示するものでもある。Winne et al.（2006）は，gStudyのような学習環境を構成して検証を行うと，自己調整プロセスの履歴に関する測度と，学習方法に関する自己報告式の測度との間に不一致がみられることを報告している。

家庭や図書館など自己学習場面でのハイパーメディア環境において発話思考法を用いた研究も有望視されている。発話思考プロトコルとは，課題遂行中の思考や認知過程の学習者自身による報告のことをいう。Greene & Azevedo（2007）は，中学・高校生を対象に，人間の循環器系に関するオンラインでの学習のプロトコルを収集し，自己調整学習のプロセスについて検証を試みている。メンタルモデルの質が指標として用いられ，自己調整学習における方略使用との関連が示唆されている。

携帯電話・携帯メールも進展の著しいICT（Information and Communication Technology）の1つであるが，教育工学や現場での実践などで検討が進められている。動機づけ研究では，Csikszentmihalyi（1990）がフロー（flow）という概念を明らかにする過程において携帯機器を用いた測定法を開発している。フローとは，人が何かの活動に深く没入し完全に打ち込んでいる状態のことをいうが，そのような瞬間的な動機づけ状態をとらえるためには，独自の方法論が必要となってくる。Csikszentmihalyi & Larson（1987）は，経験標本抽出法（Experience Sampling Method）という測定法を開発し，その手続き，解析法を洗練させてきている。具体的な方法としては，1日に8回，1週間で56回のシグナルが送られ，研究協力者は，その都度，いつ，どこで，誰と，何をしていたか，何を考えていたかといったそのときの状況と，幸福感，楽しさ，集中力，満足感といった心理的側面について記録をするというものである。

伊藤（2005）は，この手法を援用し，尺度によって平均値として動機づけが高いとされた人でも状況によってはやる気を低下させてしまうようなことがありえ，また一方で，動機づけが低いとされる人も場面によってはやる気を高めるようなことがありえること，また，様々な場面において，どのようにやる気を高めたり，それを維持したり，あるいは，やる気を失いかけたときにどのようにして回復させようとしているかなど，このような動機づけの変化の様相とそれへの対処の仕方について示唆を得ている。携帯機器のようなICTは，こうした動機づけや自己調整のミクロ・プロセスに関する検証において多大な力を発揮するものと期待される。

自己調整学習に関する日誌をつけるというのも，自己調整のプロセスに迫る測定法，

127

方法論として，また，介入実践としても，その有効性が示唆されている。日記や日誌は，コストもほとんどかからず，通常の教室で行われている課題を与えたり宿題を提示したりといった実践と親和性が高く，容易に取り入れることができるものと思われる。

　Stoeger & Ziegler（2008）は，小学校4年生に対し，自己調整のサイクルのモデルについて説明を行い，「学習のエキスパート」になるよう勧める実践を行っている。算数の宿題，小テスト，最終試験などが課され，そして，いつ，どこで，何時間，勉強したか，1人で取り組んだのか，気を散らすものはなかったか，などの自己調整学習に関する日誌をつけるよう促している。結果として，多様な自己調整学習にかかわる側面が，算数のスキルを向上させることを明らかにしている。

　第1章のFigure 1-2に示したように，自己調整学習では，循環的な段階をふむことが実証されている。このプロセスのあり方にさらに迫るために，Kitsantas & Zimmerman（2002）は，自己調整学習の3つの段階を評価するマイクロアナリティック（microanalytic）法による検証を試みている。これは，学習前，学習中，学習後において質的，量的データを得るべく質問を行うもので，変化を予測する力があり，また，信頼性のある測度であることが示唆されている。マイクロアナリティック法は，進行中の学習における自己調整のミクロなプロセスに迫る可能性をもつものであるが，運動スキルの学習において研究が散見されはじめたという段階であり，今後，学業領域においても検討が求められるであろう。

　この方法論は，実践の問題を考えていく上でも，大きな意義をもっていると思われる。例えば，現場では，振り返りによって学習を促す実践が盛んになされている。第4章でも検討を行ったように，有効な手立ての1つであると考えられるが，ともすると，ただシートに書き込むだけの作業のようなものになってしまう難しさもある。「自己省察[3]」が「予見」につながり，そして，「遂行コントロール」へというように自己調整のサイクルが確実に循環していくための手がかりを得るためにも，こうしたアプローチは大きな意味をもっているだろう。

　以上，述べた以外にも，教室における文脈での観察や，インタビュー，ポートフォリオによるアセスメントといった質的研究法についても，いくつかの自己調整学習研究において取り組まれるようになりつつあり，今後，こうした多様な方法論に基づいてさらに検討を進め，研究知見を蓄積していく必要があるだろう。

3）　振り返りは，この学習メカニズムの一面にかかわるものである。教育工学や経営などでいわれるPlan-Do-See（PDS）サイクルと概念的に近いものと思われるが，自己調整学習のサイクルの場合，学習者の視点からとらえた，より精緻なメカニズムを理論化したものであることに改めて注意を促しておきたい。

3. おわりに──研究の萌芽

　本書を閉じるにあたって，最近の欧米の教育心理学関係の学会での動向から，どのようなテーマが自己調整学習研究の中で取り組まれつつあるか，みておきたい。先述したとおり，新しいコンピュータ環境，メディア環境における自己調整学習の問題は，やはり大きなテーマとなりつつある。Web 上での学習，e-Learning や遠隔学習など，ICT にかかわる研究は，今後も重要なテーマだといえる。学校教育において自己調整学習の育成を図っていくにあたっては，教師の存在が鍵を握っている。教室における実践はいかにあるべきかという問題とともに，教師自身の自己調整学習のあり方についても研究が進みつつある。神経科学や脳科学によるアプローチも試みられつつあり，客観主義，相対主義など，認識論的信念（epistemological beliefs）の問題も自己調整学習とかかわりが深い。本邦では，瀬尾・植阪・市川（2008）が認知主義 – 非認知主義の学習観を提起しているが，自己調整学習とどのようにかかわり，どのように位置づけられるのか，検討が必要かもしれない。

　近年の EU 委員会や経済協力開発機構（OECD）などの提言にみられるように，欧米の教育の世界では，高度に情報化した社会，知識基盤社会，生涯学習社会を生き抜いていくために必要となる能力として「キー・コンピテンシー（key competency）」という概念が掲げられ，重視されるようになってきている。こうした概念に対して，自己調整学習の研究は，実証に基づく理論的基盤を提供するものであり，今後，ますますその重要性を高めていくものといえるだろう。

資　料

以下は，本書の各研究で用いられた項目の内容である。

研究Ⅰ ─────
● 自己効力感
「私は，これから先，国語が得意であると思う」
「クラスの他のみんなと比べれば，私は，国語が得意な方だと思う」
「私は，国語で与えられる問題と課題をしっかりとできると思う」
「私は，国語で，いい成績をとれるだろうと思う」
「自分の勉強技術は，クラスの他のみんなと比べれば，すぐれている方だ」
「私は，クラスの他のみんなと比べれば，国語について，多くのことを知っている方だと思う」

● 内発的価値
「国語を学ぶことは，私にとって大切である」
「私は，国語で学んでいることが，好きである」
「私は，国語で学ぶことは，他の教科でも役に立つだろうと思う」
「国語で学んでいることは，私が知って役に立つことであると思う」
「私は，国語で学んでいることは，おもしろいと思う」
「国語を理解することは，私にとって大切である」

研究Ⅲ ─────
● 自己効力感
「勉強がしっかりできると思う」（SE1）
「勉強していく自信がある」（SE2）
「これから先，勉強が得意であると思う」（SE3）
「勉強で，いい成績をとれるだろうと思う」

● 平常の学習時の不安感
「勉強しているとき，不安になる」（A1）

「勉強しているとき，何か心配になる」（A2）
「勉強しているとき，不安でどきどきする」（A3）
「安心して，勉強ができる」（逆転項目）
「勉強のとき，平気な気持ちでいる」（逆転項目）
「楽な気持ちで，勉強ができる」（逆転項目）

● 持続性の欠如
「勉強をしていると，すぐにあきてしまう」（LP1）
「むずかしい問題をやっていると，すぐにつかれて，やめることが多い」（LP2）
「勉強をしているとき，ほかにおもしろいことがあると，勉強をやめてしまう」（LP3）
「あきっぽいほうだと思う」
「勉強の時間がきても，すきなテレビ番組をみていると，なかなか勉強が始められない」

研究Ⅳ ─────
● 外的動機づけ
「先生が宿題を出すから」
「勉強しないと親がうるさいから」
「勉強しておけば先生にしかられずにすむから」

● 取り入れ的動機づけ
「勉強しないと不安だから」
「勉強しないと自分がはずかしいから」
「友だちにかしこいと思われたいから」

● 同一化的動機づけ
「勉強しておくべき大切な内容だから」
「勉強内容が毎日の生活で必要なことだと思うから」
「勉強内容がしょうらい役に立ちそうだから」

● 内発的動機づけ
「問題をやることがおもしろいから」
「むずかしいことをやってみることが楽しいから」
「ちしきがふえることが楽しいから」

資 料

● 意味理解方略
「公式（解くときのきまり）は問題に取り組み，使いながらおぼえる」（US1）
「ある方法で問題を解いた後で，他の方法でも問題が解けるかどうかを考える」（US2）
「公式（解くときのきまり）はただおぼえるだけでなく，どうしてそうなるのかを考える」（US3）

● 暗記・反復方略
「何度も同じ問題を解く」（RS1）
「苦手なところをくり返し勉強する」（RS2）
「学校でくばられた問題集をくり返し解く」（RS3）

● 整理方略（MS1）
「ノートをきれいに，わかりやすくとる」
「ノートに絵やイラストを入れる」
「部屋やつくえの上をかたづけて勉強する」
「色のついたペンを使って，ノートをとったり，教科書に書きこみをする」
「勉強がしやすいように部屋の温度や明るさを調節する」

● 想像方略（MS2）
「しょうらい自分自身のためになると考える」
「前にテストなどでうまくいったことを思い出す」
「いやなことを考えないようにする」

● 内容方略（MS3）
「歌にあわせておぼえる」
「自分の生活上のことに関係づけて勉強する」
「自分のよく知っていることや興味のあることと関係づけて勉強する」

研究V
● 自己効力感
「自分は，このさき，算数がとくいであると思います」
「クラスのほかのみんなとくらべれば，自分は，算数がとくいな方だと思います」
「算数のもんだいやかだいをしっかりできると思います」

「算数で,よいせいせきをとれるだろうと思います」
「自分の勉強のやり方は,クラスのほかのみんなとくらべれば,よい方だと思います」
「自分は,クラスのほかのみんなとくらべれば,算数について多くのことを知っている方だと思います」

● 内発的価値
「算数を勉強するのは,自分にとって大切です」
「算数で勉強しているないようが,すきです」
「算数で学ぶことは,ほかの教科でも役に立つだろうと思います」
「算数で学んでいることは,役に立つことだと思います」
「自分にとって,算数で習っていることは,おもしろいと思います」
「算数をりかいすることは,自分にとって大切です」

研究Ⅷ
● 持続性
「勉強でやる気がしなくても,なんとかして,ねばってやろうとする」
「勉強でやる気の出ないとき,なんとかやる気が出るようにがんばる」
「勉強でやる気が出ないとき,やる気が出るよう,いろいろためしてみる」
「勉強でやる気のないとき,どうすればやる気が出るか,わかっている」
「勉強でやる気がなくなったら,すぐにあきらめてしまう」(逆転項目)

● 動機づけの自己認識
「自分が,どのようなときに,やる気がなくなるか,よくわかる」
「自分が,どのようなときに,やる気が出るか,よくわかる」
「やる気のないときの感じがわかる」
「やる気のあるときの感じがわかる」
「やる気のないとき,それがどうしてなのか,よくわかる」
「やる気のあるとき,それがどうしてなのか,よくわかる」

● 自己効力感
「このさき,勉強がとくいであると思う」
「勉強で,よいせいせきをとれるだろうと思う」
「勉強がしっかりできると思う」

資　料

「勉強していく自信がある」

● 内発的興味
「楽しく，勉強することができる」
「おもしろいから，勉強する」
「すきなことが学べるから，勉強する」
「先生や家の人からいわれなくても，自分からすすんで勉強する」

研究Ⅸ ―――――
● 外的動機づけ
「勉強しないと親がうるさいから」
「先生におこられるから」
「勉強するのはきまりのようなものだから」

● 取り入れ的動機づけ
「勉強ができないと恥ずかしいから」
「友だちにかしこいと思われたいから」
「親をよろこばせたいから」

● 同一化的動機づけ
「勉強していることは大事な内容だから」
「勉強していることは大切な内容だから」
「勉強していることが将来役に立ちそうだから」

● 内発的動機づけ
「問題をやることがおもしろいから」
「できるようになるのが楽しいから」
「わかるようになるのがうれしいから」

● 宿題における持続性の欠如
「計算の宿題をしていても，すぐにあきてしまう」
「計算の宿題をしようとしても，すぐにいやになってしまう」
「宿題の計算に集中できないで，途中でやめてしまうことが多い」

「計算の宿題をしているとき、ほかのことを考えてしまう」

研究Ⅸで用いられた3つの自己動機づけ方略
● **目標設定**
「小さいゴールを決めよう」
　たとえば、「10問ずつする」というように、宿題を小さいぶぶんに分けましょう。そして、小さいぶぶんを「小さいゴール」にして、できたら、「できた」のしるしをつけましょう。しるしは、自分のすきなことばやかたちを書いたり、シールをはったりしましょう。

● **ゲーム化**
「ルールをつくってゲームみたいにしよう」
　ふつうに計算の練習をするのではなくて、「どれくらいはやくできるだろうか」とルールをきめて、ゲームをしているような気持ちでしましょう。時間をはかって、どのくらいはやくできたかチェックするようにしましょう。

● **想像**
「宿題ができたときのことをかんがえよう」
　計算の宿題をするまえに、宿題がきちんとできたら「休けいをする」とか「おやつを食べる」とか、おわったあとに何をしたいか、きめましょう。そして、計算をはじめるまえに、「これができたら休けいができるぞ」「おやつが食べられるぞ」とこころの中にイメージし、想像するようにしましょう。

文　献

足立麻衣　2007　中学生の国語学習における4種類の学習動機づけと学習方略との関連――「読む」ことと「書く」ことによる学習方略とコストの認知に着目して――　愛知教育大学教育学部卒業論文（未公刊）

Ames, C., & Archer, J. 1988 Achievement goals in the classroom: Students' learning strategies and motivation processes. *Journal of Educational Psychology*, 80, 260-267.

新井邦二郎　1995　「やる気」はどこから生まれるか――学習意欲の心理――　児童心理, 49, 3-11.

馬場園陽一　1991　学習習慣　三宅和夫・北尾倫彦・小嶋秀夫（編）　教育心理学小辞典　有斐閣

Bandura, A. 1977 Self-efficacy: Toward a unifying theory of behavioral change. *Psychological Review*, 84, 191-215.

Bandura, A. 1986 *Social foundations of thought and action: A social cognitive theory*. New Jersey: Prentice Hall.

Bandura, A. 1997 *Self-efficacy: The exercise of control*. New York: W. H. Freeman and Company.

Bembenutty, H. 1999 Sustaining motivation and academic goals: The role of academic delay of gratification. *Learning and Individual Differences*, 11, 233-257.

Benjamin, M., McKeachie, W. J., Lin, Y. G., & Holinger, D. P. 1981 Test anxiety: Deficits in information processing. *Journal of Educational Psychology*, 73, 816-824.

Blankstein, K. R., Flett, G. L., & Watson, M. S. 1992 Coping and academic problem-solving ability in test anxiety. *Journal of Clinical Psychology*, 48, 37-46.

Boekaerts, M. 1995 Self-regulated learning: Bridging the gap between metacognitive and metamotivation theories. *Educational Psychologist*, 30, 195-200.

Boekaerts, M., & Corno, L. 2005 Self-regulation in the classroom: A perspective on assessment and intervention. *Applied Psychology: An International Review*, 54, 199-231.

Boekaerts, M., & Niemivirta, M. 2000 Self-regulated learning: Finding a balance between learning goals and ego-protective goals. In M. Boekaerts, P. R. Pintrich & M. Zeidner (Eds.), *Handbook of self-regulation*. San Diego, CA: Academic Press. Pp. 417-450.

Borkowski, J. G., Chan, L. K. S., & Muthukrishna, N. 2000 A process-oriented model of metacognition: Links between motivation and executive functioning. In G. Schraw & J. C. Impara (Eds.), *Issues in the measurement of metacognition*. Lincoln, NE: Buros Institute of Mental Measurements, University of Nebraska-Lincoln.

Bouffard, T., Boisvert, J., Vezeau, C., & Larouche, C. 1995 The impact of goal orientation on self-regulation and performance among college students. *British Journal of Educational Psychology*, 65, 317-329.

Broden, M., Hall, R. V., & Mitts, B. 1971 The effect of self-recording on the classroom behavior of two eighth-grade students. *Journal of Applied Behavior Analysis*, 4, 191-199.

中央教育審議会　1996　21世紀を展望した我が国の教育の在り方について（第一次答申）文部省

中央教育審議会　2003　初等中等教育における当面の教育課程及び指導の充実・改善方策について（答申）文部科学省

Corno, L. 1989 Self-regulated learning: A volitional analysis. In B. J. Zimmerman & D. H. Schunk (Eds.), *Self-regulated learning and academic achievement: Theory, research, and practice*. New York: Springer-Verlag. Pp. 111-141.

Corno, L. 1994 Student volition and education: Outcomes, influences, and practices. In D. H. Schunk & B. J. Zimmerman (Eds.), *Self-regulation of learning and performance: Issues and educational applications*. New

Jersey: Lawrence Erlbaum Associates. Pp. 229-251.

Corno, L. 2001 Volitional aspects of self-regulated learning. In B. J. Zimmerman & D. H. Schunk (Eds.), *Self-regulated learning and academic achievement: Theoretical perspectives*. New Jersey: Lawrence Erlbaum Associates.（伊田勝憲（訳） 2006 自己調整学習の意思的側面 塚野州一（編訳） 自己調整学習の理論 北大路書房）

Corno, L., & Mandinach, E. B. 1983 The role of cognitive engagement in classroom learning and motivation. *Educational Psychologist*, 18, 88-108.

Csikszentmihalyi, M. 1990 *Flow: The psychology of optimal experience*. New York: Harper and Row.

Csikszentmihalyi, M., & Larson, R. 1987 Validity and reliability of the Experience-Sampling Method. *Journal of Nervous and Mental Diseases*, 175, 526-536.

Culler, R. E., & Holahan, C. J. 1980 Test anxiety and academic performance: The effects of study-related behaviors. *Journal of Educational Psychology*, 72, 16-20.

Dansereau, D. F., McDonald, B. A., Collins, K. W., Garland, J. C., Holley, C. D., Diekhoff, G. M., & Evans, S. H. 1979 Evaluation of a learning strategy system. In H. F. O'Neil, Jr. & C. D. Spielberger (Eds.), *Cognitive and affective learning strategies*. New York: Academic Press. Pp. 3-43.

Eccles, J., Adler, T. F., Futterman, R., Goff, S. B., Kaczala, C. M., Meece, J., & Midgley, C. 1983 Expectancies, values and academic behaviors. In J. T. Spence (Ed.), *Achievement and achievement motives*. San Francisco: Freeman. Pp. 75-146.

Folkman, S., & Lazarus, R. S. 1985 If it changes it must be a process: Study of emotion and coping during three stages of a college examination. *Journal of Personality and Social Psychology*, 48, 150-170.

藤生英行 1991 挙手と自己効力，結果予期，結果価値との関連性についての検討 教育心理学研究，39, 92-101.

Greene, J. A., & Azevedo, R. 2007 Adolescents' use of self-regulatory processes and their relation to qualitative mental model shifts while using hypermedia. *Journal of Educational Computing Research*, 36, 125-148.

橋本重治 1971 学習評価の研究——効果的な学習評価の基礎理論—— 図書文化社

速水敏彦 1995 外発と内発の間に位置する達成動機づけ 心理学評論，38, 171-193.

速水敏彦・田畑 治・吉田俊和 1996 総合人間科の実践による学習動機づけの変化 名古屋大学教育学部紀要，43, 23-35.

Hill, K. T., & Wigfield, A. 1984 Test anxiety: A major educational problem and what can be done about it. *Elementary School Journal*, 85, 105-126.

堀野 緑・市川伸一 1997 高校生の英語学習における学習動機と学習方略 教育心理学研究，45, 140-147.

市原 学・新井邦二郎 2005 中学生用数学・国語の学習方略尺度の作成 筑波大学心理学研究，29, 99-107.

市原 学・新井邦二郎 2006 数学学習場面における動機づけモデルの検討——メタ認知の調整効果—— 教育心理学研究，54, 199-210.

市川伸一 2004 学ぶ意欲とスキルを育てる——いま求められる学力向上策—— 小学館

今井亜美 2008 算数科学習における動機づけ，学習方略，思考力の関連——特性的自己効力感の違いに着目して—— 愛知教育大学教育学部卒業論文（未公刊）

犬塚美輪 2002 説明文における読解方略の構造 教育心理学研究，50, 152-162.

伊藤崇達 1996 学業達成場面における自己効力感，原因帰属，学習方略の関係 教育心理学研究，44, 340-349.

伊藤崇達 1997 小学生における学習方略，動機づけ，メタ認知，学業達成の関連 名古屋大学教育学部紀要，44, 135-143.

伊藤崇達 1999 児童における自己動機づけ方略訓練の効果について 神戸常盤短期大学紀要，21, 1-8.

伊藤崇達　2000　動機づけのタイプによる自己動機づけ方略訓練の効果　神戸常盤短期大学紀要，22, 41-50.
伊藤崇達　2002　学習経験による学習方略の獲得過程の違い――4年制大学生と短期大学生を対象に――　日本教育工学雑誌，26, 101-105.
伊藤崇達　2002　学習方略の獲得過程と動機づけ――4年制大学生と短期大学生を対象にした調査による検討――　神戸常盤短期大学紀要，24, 23-28.
伊藤崇達　2005　携帯端末を利用した学習方略支援の試み――学習不適応を示す大学生への働きかけ――　文部科学省科学研究費補助金・研究成果報告書
伊藤崇達・神藤貴昭　2003　中学生用自己動機づけ方略尺度の作成　心理学研究，74, 209-217.
伊藤崇達・神藤貴昭　2003　自己効力感，不安，自己調整学習方略，学習の持続性に関する因果モデルの検証――認知的側面と動機づけ的側面の自己調整学習方略に着目して――　日本教育工学雑誌，27, 377-385.
鹿毛雅治　1993　到達度評価が児童の内発的動機づけに及ぼす効果　教育心理学研究，41, 367-377.
鹿毛雅治・並木　博　1990　児童の内発的動機づけと学習に及ぼす評価構造の効果　教育心理学研究，38, 36-45.
梶田叡一　2002　教育評価　第2版補訂版　有斐閣
北尾倫彦　1991　学習指導の心理学　有斐閣
北尾倫彦・速水敏彦　1986　わかる授業の心理学　有斐閣
Kitsantas, A., & Zimmerman, B. J. 2002 Comparing self-regulatory processes among novice, non-expert, and expert volleyball players: A microanalytic study. *Journal of Applied Sport Psychology*, 14, 91-105.
Klein, J. D., & Freitag, E. T. 1992 Training students to utilize self-motivational strategies. *Educational Technology*, 32, 44-48.
小堀友子・上淵　寿　2001　情動のモニタリング操作が学習に及ばす影響　教育心理学研究，49, 359-370.
国立教育政策研究所（編）　2005　算数・数学教育の国際比較――国際数学・理科教育動向調査の2003年調査報告書――　ぎょうせい
Kuhl, J. 1985 Volitional mediators of cognition-behavior consistency: Self-regulatory processes and action versus state orientation. In J. Kuhl & J. Beckmann (Eds.), *Action control: From cognition to behavior*. West Berlin: Springer-Verlag.
Kuhl, J., & Goschke, T. 1994 A theory of action control: Mental subsystems, modes of control, and volitional conflict-resolution strategies. In J. Kuhl & J. Beckmann (Eds.), *Volition and personality: Action versus state orientation*. Seattle: Hogrefe and Huber.
教育課程審議会　2000　児童生徒の学習と教育課程の実施状況の評価の在り方について（答申）　文部省
Lan, W. Y. 1996 The effects of self-monitoring on students' course performance, use of learning strategies, attitude, self-judgment ability, and knowledge representation. *The Journal of Experimental Education*, 64, 101-115.
Lazarus, R. S., & Folkman, S. 1984 *Stress, Appraisal, and Coping*. New York: Springer-Verlag.
Maccoby, E. E., & Jacklin, C. N. 1974 *The psychology of sex differences*. Stanford: Stanford University Press.
Mace, F. C., Belfiore, P. J., & Hutchinson, J. M. 2001 Operant theory and research on self-regulation. In B. J. Zimmerman & D. H. Schunk (Eds.), *Self-regulated learning and academic achievement: Theoretical perspectives*. New Jersey: Lawrence Erlbaum Associates.（伊藤崇達（訳）　2006　オペラント理論と自己調整に関する研究　塚野州一（編訳）　自己調整学習の理論　北大路書房）
Maddux, J. E., Norton, L. W., & Stoltenberg, C. D. 1986 Self-efficacy expectancy, outcome expectancy, and outcome value: Relative effects on behavioral intentions. *Journal of Personality and Social Psychology*, 51, 783-789.

Mandler, G., & Sarason, S. B. 1952 A study of anxiety and learning. *Journal of Abnormal and Social Psychology*, 47, 166-173.
Marsh, H. W. 1986 Verbal and math self-concepts: An internal/external frame of reference model. *American Educational Research Journal*, 23, 129-149.
丸野俊一（編）　2008　【内なる目】としてのメタ認知――自分を自分で振り返る――　現代のエスプリ　497　至文堂
McCann, E. J., & Garcia, T. 1999 Maintaining motivation and regulating emotion: Measuring individual differences in academic volitional strategies. *Learning and Individual Differences*, 11, 259-279.
McCann, E. J., & Turner, J. E. 2004 Increasing student learning through volitional control. *Teachers College Record*, 106, 1695-1714.
McCaslin, M., & Hickey, D. T. 2001 Self-regulated learning and academic achievement: A Vygotskian view. In B. J. Zimmerman & D. H. Schunk（Eds.）, *Self-regulated learning and academic achievement: Theoretical perspectives*. New Jersey: Lawrence Erlbaum Associates.（伊田勝憲（訳）　2006　自己調整学習と学力――ヴィゴツキー派の見方――　塚野州一（編訳）　自己調整学習の理論　北大路書房）
McCombs, B. L. 1982 Learner satisfaction, motivation, and performance: Capitalizing on strategies for positive self-control. *Performance and Instruction*, 21, 3-6.
McCombs, B. L. 1988 Motivational skills training: Combining metacognitive, cognitive, and affective learning strategies. In C. E. Weinstein, E. T. Goetz & P. A. Alexander（Eds.）, *Learning and study strategies: Issues in assessment, instruction, and evaluation*. San Diego: Academic Press.
McCombs, B. L. 2001 Self-regulated learning and academic achievement: A phenomenological view. In B. J. Zimmerman & D. H. Schunk（Eds.）, *Self-regulated learning and academic achievement: Theoretical perspectives*. New Jersey: Lawrence Erlbaum Associates.（中西良文（訳）　2006　自己調整学習と学力――現象学的視点――　塚野州一（編訳）　自己調整学習の理論　北大路書房）
Meece, J. L., Wigfield, A., & Eccles, J. S. 1990 Predictors of math anxiety and its influence on young adolescents' course enrollment intentions and performance in mathematics. *Journal of Educational Psychology*, 82, 60-70.
三浦正江・坂野雄二　1996　中学生における心理的ストレスの継時的変化　教育心理学研究, 44, 368-378.
三浦正江・嶋田洋徳・坂野雄二　1997　中学生におけるテスト不安の継時的変化――心理的ストレスの観点から――　教育心理学研究, 45, 31-40.
向井起よみ　2000　子どもサイドの自己評価　石田恒好（編）"実践に学ぶ"特色ある学校づくり No.5「子どもの評価」編　教育開発研究所　Pp.164-169.
村山　航　2003a　テスト形式が学習方略に与える影響　教育心理学研究, 51, 1-12.
村山　航　2003b　学習方略の使用と短期的・長期的な有効性の認知との関係　教育心理学研究, 51, 130-140.
Murray, H. A. 1938 *Explorations in personality*. New York: Oxford University Press.
中川惠正・松原千代子　1996　児童における「わり算」の学習に及ぼす自己評価訓練の効果――自己評価カード導入の効果――　教育心理学研究, 44, 214-222.
中川惠正・守屋孝子　2002　国語の単元学習に及ぼす教授法の効果――モニタリング自己評価訓練法の検討――　教育心理学研究, 50, 81-91.
中山　晃　2005　日本人大学生の英語学習における目標志向性と学習観および学習方略の関係のモデル化とその検討　教育心理学研究, 53, 320-330.
新名理恵・矢冨直美　1986　テスト前後におけるストレス反応とパーソナリティについて（Ⅱ）――テスト前後のストレス反応の変化――　日本心理学会第50回大会発表論文集, 290.
西村　眞　1994　関心・意欲・態度を育てる授業(小学校)――自己評価を生かし, つなげる授業――　指導と評価, 40, 26-29.

丹羽洋子　1993　教室における情緒的 - 認知的動機づけ　風間書房
Nolen, S. B. 1988 Reasons for studying: Motivational orientations and study strategies. *Cognition and Instruction*, 5, 269-287.
Nolen, S. B., & Haladyna, T. M. 1990 Personal and environmental influences on students' beliefs about effective study strategies. *Contemporary Educational Psychology*, 15, 116-130.
小倉泰夫・松田文子　1988　生徒の内発的動機づけに及ぼす評価の効果　教育心理学研究, 36, 144-151.
岡田いずみ　2007　学習方略の教授と学習意欲――高校生を対象にした英単語学習において――　教育心理学研究, 55, 287-299.
岡本真彦　1991　発達的要因としての知能及びメタ認知的知識が算数文章題の解決におよぼす影響　発達心理学研究, 2, 78-87.
岡本真彦　1992　算数文章題の解決におけるメタ認知の検討　教育心理学研究, 40, 81-88.
Olivárez, A., & Tallent-Runnels, M. 1994 Psychometric properties of the Learning and Study Strategies Inventory-High School version. *The Journal of Experimental Education*, 62, 243-257.
O'Malley, J. M., Russo, R. P., Chamot, A. U., & Stewner-Manzanares, G. 1988 Application of learning strategies by students learning English as a second language. In C. E. Weinstein, E. T. Goetz & P. A. Alexander (Eds.), *Learning and study strategies: Issues in assessment, instruction, and evaluation*. San Diego: Academic Press.
Oxford, R. L. 1990 *Language learning strategies: What every teacher should know*. New York: Newbury House.
Paris, S. G., Byrnes, J. P., & Paris, A. H. 2001 Constructing theories, identities, and actions of self-regulated learners. In B. J. Zimmerman & D. H. Schunk (Eds.), *Self-regulated learning and academic achievement: Theoretical perspectives*. New Jersey: Lawrence Erlbaum Associates.（犬塚美輪（訳）　2006　自己調整的な学習者はどのような理論・アイデンティティ・行動を構築するか　塚野州一（編訳）　自己調整学習の理論　北大路書房）
Paris, S. G., & Jacobs, J. E. 1984 The benefits of informed instruction for children's reading awareness and comprehension skills. *Child Development*, 55, 2083-2093.
Perkins, D. N., Simmons, R., & Tishman, S. 1990 Teaching cognitive and metacognitive strategies. *Journal of Structural Learning*, 10, 285-303.
Pintrich, P. R. 1988 A process-oriented view of student motivation and cognition. In J. S. Stark & L. Mets (Eds.), *Improving teaching and learning through research, Vol. 57: New directions for institutional research*. San Francisco: Jossey-Bass. Pp. 55-70.
Pintrich, P. R. 1989 The dynamic interplay of student motivation and cognition in the college classroom. In M. Maehr & C. Ames (Eds.), *Advances in motivation and achievement, Vol. 6: Motivation enhancing environments*. Greenwich: JAI Press. Pp. 117-160.
Pintrich, P. R. 1999 The role of motivation in promoting and sustaining self-regulated learning. *International Journal of Educational Research*, 31, 459-470.
Pintrich, P. R. 2000 The role of goal orientation in self-regulated learning. In M. Boekaerts, P. R. Pintrich & M. Zeidner (Eds.), *Handbook of self-regulation*. San Diego, CA: Academic Press. Pp. 451-502.
Pintrich, P. R., & De Groot, E. V. 1990 Motivational and self-regulated learning components of classroom academic performance. *Journal of Educational Psychology*, 82, 33-40.
Pintrich, P. R., Roeser, R., & De Groot, E. 1994 Classroom and individual differences in early adolescents' motivation and self-regulated learning. *Journal of Early Adolescence*, 14, 139-161.
Pintrich, P. R., & Schunk, D. H. (Eds.) 1996 *Motivation in education: Theory, research, and applications*. New Jersey: Prentice-Hall, Inc.
Pintrich, P. R., Smith, D., Garcia, T., & McKeachie, W. J. 1993 Reliability and predictive validity of the motivated strategies for learning questionnaire (MSLQ). *Educational and Psychological Measurement*, 53, 801-813.

Pokay, P., & Blumenfeld, P. C. 1990 Predicting achievement early and late in the semester: The role of motivation and use of learning strategies. *Journal of Educational Psychology*, 82, 41-50.
Purdie, N., Hattie, J., & Douglas, G. 1996 Student conceptions of learning and their use of self-regulated learning strategies: A cross-cultural comparison. *Journal of Educational Psychology*, 88, 87-100.
Puustinen, M., & Pulkkinen, L. 2001 Models of self-regulated learning: A review. *Scandinavian Journal of Educational Research*, 45, 269-286.
Ridley, D. S., Schutz, P. A., Glanz, R. S., & Weinstein, C. E. 1992 Self-regulated learning: The interactive influence of metacognitive awareness and goal-setting. *Journal of Experimental Education*, 60, 293-306.
Ryan, R. M. 1993 Agency and organization: Intrinsic motivation, autonomy, and the self in psychological development. In J. E. Jacobs (Ed.), *Nebraska Symposium on Motivation, Vol.40: Developmental perspectives on motivation*. Lincoln: University of Nebraska Press. Pp. 1-56.
Ryan, R. M., & Deci, E. L. 2000 Self-determination theory and the facilitation of intrinsic motivation, social development, and well-being. *American Psychologist*, 55, 68-78.
三宮真智子 1995 メタ認知を促すコミュニケーション演習の試み「討論編」――教育実習事前指導としての教育工学演習から―― 鳴門教育大学学校教育研究センター紀要, 9, 53-61.
三宮真智子（編） 2008 メタ認知――学習力を支える高次認知機能―― 北大路書房
Sarason, S. B., & Mandler, G. 1952 Some correlates of test anxiety. *Journal of Abnormal and Social Psychology*, 47, 810-817.
佐藤 純 1998 学習方略の有効性の認知・コストの認知・好みが学習方略の使用に及ぼす影響 教育心理学研究, 46, 367-376.
Schmeck, R. R. 1988 Individual differences and learning strategies. In C. E. Weinstein, E. T. Goetz & P. A. Alexander (Eds.), *Learning and study strategies: Issues in assessment, instruction, and evaluation*. San Diego: Academic Press.
Schunk, D. H. 1989 Self-efficacy and cognitive skill learning. In C. Ames & R. Ames (Eds.), *Research on motivation in education, Vol.3: Goals and cognitions*. San Diego: Academic Press. Pp. 13-44.
Schunk, D. H. 2001 Social cognitive theory and self-regulated learning. In B. J. Zimmerman & D. H. Schunk (Eds.), *Self-regulated learning and academic achievement: Theoretical perspectives*. New Jersey: Lawrence Erlbaum Associates.（伊藤崇達（訳） 2006 社会的認知理論と自己調整学習 塚野州一（編訳） 自己調整学習の理論 北大路書房）
Schunk, D. H., & Zimmerman, B. J. (Eds.) 1994 *Self-regulation of learning and performance: Issues and educational applications*. New Jersey: Lawrence Erlbaum Associates.
Schunk, D. H., & Zimmerman, B. J. (Eds.) 1998 *Self-regulated learning: From teaching to self-reflective practice*. New York: The Guilford Press.（塚野州一（編訳） 2007 自己調整学習の実践 北大路書房）
Schunk, D. H., & Zimmerman, B. J. (Eds.) 2008 *Motivation and self-regulated learning: Theory, research, and applications*. New York: Lawrence Erlbaum Associates.（塚野州一（編訳） 2009 動機づけと自己調整学習 北大路書房）
瀬尾美紀子・植阪友理・市川伸一 2008 学習方略とメタ認知 三宮真智子（編） メタ認知 北大路書房
下山 剛（編） 1985 学習意欲の見方・導き方 教育出版
篠ヶ谷圭太 2008 予習が授業理解に与える影響とそのプロセスの検討――学習観の個人差に注目して―― 教育心理学研究, 56, 256-267.
神藤貴昭 1998 中学生の学業ストレッサーと対処方略がストレス反応および自己成長感・学習意欲に与える影響 教育心理学研究, 46, 442-451.
塩見邦雄・駒井良樹 1995 理科学習におよぼす自己効力感と理科不安について 学校教育学研究, 7, 95-107.
塩見邦雄・矢田真士・中田 栄 1997 小学生の学習意欲及びそれに関連する要因の研究 兵庫教育

大学研究紀要，**17**, 1-13.
曽我祥子　1983　日本版 STAIC 標準化の研究　心理学研究，**54**, 215-221.
Stoeger, H., & Ziegler, A. 2008 Evaluation of a classroom based training to improve self-regulation in time management tasks during homework activities with fourth graders. *Metacognition and Learning*, **3**, 207-230.
鈴木克明　1993　授業の魅力を高める作戦　放送教育，**48**, 36-41.
鈴木伸一・嶋田洋徳・坂野雄二　2001　テストへの対処行動の継時的変化とストレス状態との関連　心理学研究，**72**, 290-297.
Swanson, H. L. 1990 Influence of metacognitive knowledge and aptitude on problem solving. *Journal of Educational Psychology*, **82**, 306-314.
辰野千壽　1997　学習方略の心理学——賢い学習者の育て方——　図書文化社
上淵　寿　2004a　自己制御学習におけるコーピングモデルの提唱　心理学研究，**75**, 359-364.
上淵　寿（編）　2004b　動機づけ研究の最前線　北大路書房
上淵　寿（編）　2008　感情と動機づけの発達心理学　ナカニシヤ出版
植木理恵　2002　高校生の学習観の構造　教育心理学研究，**50**, 301-310.
植木理恵　2004　自己モニタリング方略の定着にはどのような指導が必要か——学習観と方略知識に着目して——　教育心理学研究，**52**, 277-286.
植木理恵・清河幸子・岩男卓実・市川伸一　2002　テーマ学習における自己制御的活動の支援——地域における実践活動から——　教育心理学研究，**50**, 92-102.
Weinstein, C. E. 1987 *Learning and Study Strategies Inventory (LASSI): User's manual.* Clearwater, FL: H & H Publishing.
Weinstein, C. E., Goetz, E. T., & Alexander, P. A. 1988 *Learning and study strategies: Issues in assessment, instruction, and evaluation.* San Diego: Academic Press.
Weinstein, C. E., & Mayer, R. 1986 The teaching of learning strategies. In M. C. Wittrock (Ed.), *Handbook of research on teaching.* 3rd ed. New York: Macmillan.
Weinstein, C. E., & Palmer, D. R. 1990 *Learning and Study Strategies Inventory-High School version: User's manual.* Clearwater, FL: H & H Publishing.
Weinstein, C. E., & Palmer, D. R. 2002 *Learning and Study Strategies Inventory.* 2nd ed. Clearwater, FL: H & H Publishing.
Winne, P. H. 2001 Self-regulated learning viewed from models of information processing. In B. J. Zimmerman & D. H. Schunk (Eds.), *Self-regulated learning and academic achievement: Theoretical perspectives.* New Jersey: Lawrence Erlbaum Associates.（中谷素之（訳）　2006　情報処理モデルから見た自己調整学習　塚野州一（編訳）　自己調整学習の理論　北大路書房）
Winne, P. H., Nesbit, J. C., Kumar, V., Hadwin, A. F., Lajoie, S. P., Azevedo, R. A., & Perry, N. E. 2006 Supporting self-regulated learning with gStudy software: The learning kit project. *Technology, Instruction, Cognition and Learning*, **3**, 105-113.
Wolters, C. A. 1998 Self-regulated learning and college students' regulation of motivation. *Journal of Educational Psychology*, **90**, 224-235.
谷島弘仁・新井邦二郎　1996　クラスの動機づけ構造が中学生の教科の能力認知，自己調整学習方略および達成不安に及ぼす影響　教育心理学研究，**44**, 332-339.
Zeidner, M. 1996 How do high school and college students cope with test situations? *British Journal of Educational Psychology*, **66**, 115-128.
Zimmerman, B. J. 1986 Becoming a self-regulated learner: Which are the key subprocesses? *Contemporary Educational Psychology*, **11**, 307-313.
Zimmerman, B. J. 1989 A social cognitive view of self-regulated academic learning. *Journal of Educational Psychology*, **81**, 329-339.
Zimmerman, B. J. 2008 Investigating self-regulation and motivation: Historical background, methodological

developments, and future prospects. *American Educational Research Journal*, 45, 166-183.
Zimmerman, B. J., & Martinez-Pons, M. 1986 Development of a structured interview for assessing student use of self-regulated learning strategies. *American Educational Research Journal*, 23, 614-628.
Zimmerman, B. J., & Martinez-Pons, M. 1988 Construct validation of a strategy model of student self-regulated learning. *Journal of Educational Psychology*, 80, 284-290.
Zimmerman, B. J., & Martinez-Pons, M. 1990 Student differences in self-regulated learning: Relating grade, sex, and giftedness to self-efficacy and strategy use. *Journal of Educational Psychology*, 82, 51-59.
Zimmerman, B. J., & Schunk, D. H.（Eds.）2001 *Self-regulated learning and academic achievement: Theoretical perspectives*. New Jersey: Lawrence Erlbaum Associates.（塚野州一（編訳）　2006　自己調整学習の理論　北大路書房）

本書で取り上げた研究の出典

　本書における研究とその出典論文との関係は以下のとおりである。本書をまとめるにあたり加筆・修正を加えている。

研究Ⅰ
　伊藤崇達　1996　学業達成場面における自己効力感，原因帰属，学習方略の関係　教育心理学研究，44, 340-349.
研究Ⅱ
　伊藤崇達・神藤貴昭　2003　中学生用自己動機づけ方略尺度の作成　心理学研究，74, 209-217.
研究Ⅲ
　伊藤崇達・神藤貴昭　2003　自己効力感，不安，自己調整学習方略，学習の持続性に関する因果モデルの検証——認知的側面と動機づけ的側面の自己調整学習方略に着目して——　日本教育工学雑誌，27, 377-385.
研究Ⅴ
　伊藤崇達　1997　小学生における学習方略，動機づけ，メタ認知，学業達成の関連　名古屋大学教育学部紀要，44, 135-143.
研究Ⅵ
　伊藤崇達　2002　学習経験による学習方略の獲得過程の違い——4年制大学生と短期大学生を対象に——　日本教育工学雑誌，26, 101-105.
研究Ⅶ
　伊藤崇達　2002　学習方略の獲得過程と動機づけ——4年制大学生と短期大学生を対象にした調査による検討——　神戸常盤短期大学紀要，24, 23-28.
研究Ⅷ
　伊藤崇達　1999　児童における自己動機づけ方略訓練の効果について　神戸常盤短期大学紀要，21, 1-8.
研究Ⅸ
　伊藤崇達　2000　動機づけのタイプによる自己動機づけ方略訓練の効果　神戸常盤短期大学紀要，22, 41-50.

人名索引

◆ A

新井邦二郎　27, 56, 125

◆ B

馬場園陽一　20
Bandura, A.　3, 18, 25,
Blankstein, K. R.　25, 44
Blumenfeld, P. C.　24, 36
Boekaerts, M.　10, 21
Borkowski, J. G.　7
Brown, A. L.　62
Bruner, J. S.　14

◆ C

Corno, L.　10, 12, 21
Csikszentmihalyi, M.　127

◆ D

Deci, E. L.　26
De Groot, E. V.　23, 35

◆ E

Eccles, J.　18

◆ F

Flavell, J. H.　62
Folkman, S.　10, 44
藤生英行　18

◆ H

橋本重治　20, 99
速水敏彦　26, 44, 56, 77, 91, 98,
　　　　　119, 125
堀野　緑　27

◆ I

市原　学　56, 125
市川伸一　27, 123
伊藤崇達　6, 127

◆ K

鹿毛雅治　99
梶田叡一　98
Keller, J. M.　29
北尾倫彦　20, 98
Kuhl, J.　10, 12, 23

145

◆ L

Lazarus, R. S.　10, 44

◆ M

Mace, F. C.　12
Martinez-Pons, M.　23, 27, 35
丸野俊一　122
松田文子　99
McCaslin, M.　13
McCombs, B. L.　13, 28
三浦正江　25, 44
Murray, H. A.　17

◆ N

中川惠正　99
中西良文　14
中谷素之　9
並木　博　99
丹羽洋子　121

◆ O

小倉泰夫　99
岡本真彦　62, 110

◆ P

Paris, S. G.　14
Piaget, J.　14
Pintrich, P. R.　6, 11, 18, 23, 35, 120
Pokay, P.　24, 36

◆ R

Ryan, R. M.　26, 44, 119

◆ S

坂野雄二　25, 44

三宮真智子　62, 122
Sarason, S. B.　24
Schmeck, R. R.　20
Schunk, D. H.　3, 15, 18, 98
嶋田洋徳　25, 44
下山　剛　52, 84, 91, 101
神藤貴昭　45
塩見邦雄　25
鈴木克明　29, 44

◆ T

田畑　治　26
谷島弘仁　27
辰野千壽　20

◆ U

上淵　寿　11, 29, 121

◆ V

Vygotsky, L. S.　13

◆ W

Weinstein, C. E.　20
Winne, P. H.　8, 11, 126
Wolters, C. A.　23, 44, 50

◆ Y

吉田俊和　26

◆ Z

Zeidner, M.　25, 44
Zimmerman, B. J.　3, 11, 15, 16, 18, 23, 27, 35, 98, 126

事項索引

◆あ
　新しい学力観　2
　暗記・反復方略　56

◆い
　生きる力　1, 123
　意思　12
　意思理論　12
　一般的認知（理解・想起）方略　38
　意味理解方略　56

◆え
　ARCS 動機づけモデル　29

◆お
　オペラント条件づけ　12
　オペラント理論　12

◆か
　外的動機づけ　45, 56, 77, 91, 116
　外発的調整　49
　外発的調整方略　52, 114, 119
　回避的対処　46
　学業ストレス　44

　学業ストレッサー　45
　学習習慣　20
　学習スキル　20
　学習スタイル　21
　学習方略　19, 21, 62
　価値　18
　関係づけ方略　38
　観察的レベル　5

◆き
　キー・コンピテンシー　129
　期待　18
　共同調整学習　13

◆け
　現象学　13

◆こ
　行動　6, 17
　コーピング・モード　11
　コントロール　6

◆し
　COPES　9

思考力　26, 56, 114
自己教育力　2
自己強化　100
自己決定理論　26, 44
自己効力感　18, 23, 35, 50, 62, 84, 90, 100, 114, 119
自己システム　8
自己省察　4, 128
自己制御されたレベル　5
自己調整　3, 16
自己調整学習　2, 16, 27, 28, 30, 61, 83, 98, 120
自己調整学習研究　124
自己調整学習方略　17, 21, 23, 27, 28, 30, 35, 40, 50, 56, 61, 68, 83, 90, 98, 113, 119, 124
自己調整されたレベル　5
自己動機づけ方略　23, 40, 44, 50, 85, 90, 113, 119
自己評価　98, 117
持続性　50, 84, 90, 100, 114, 119
社会的構成主義　14
社会的認知モデル　3
社会的認知理論　3, 15
社会的方略　41
情意的自己評価　98
省察　6
自律の動機づけ　26, 56, 114
心理的ストレス理論　25

◆す
遂行コントロール　4, 128
ストレス・コーピング　25, 55
ストレス理論　10

◆せ
整理方略　41
積極的情動中心対処　46

◆そ
相互作用論　4
想像方略　41

◆た
確かな学力　1
他者依存的情動中心対処　46

◆ち
注意集中訓練　28
注意集中方略　38, 120

◆て
適応的学習モデル　10
テスト不安　24, 44, 51

◆と
同一化的動機づけ　45, 56, 77, 91
動機づけ　17
動機づけスキルトレーニング　29
動機づけと感情　6
取り入れ的動機づけ　45, 56, 77, 91, 117
努力調整方略　23

◆な
内発的価値　19, 35, 62, 114, 120
内発的興味　84, 90
内発的調整　49
内発的調整方略　52, 114, 119
内発的動機づけ　45, 56, 77, 91, 116, 126
内容方略　41
ながら方略　41

◆に
認識論的信念　129
認知　6
認知的構成主義　14
認知的自己評価　98

認知的方略　　21

◆は
　　発達段階　　68

◆ふ
　　不安　　19, 24, 114, 119
　　復習・まとめ方略　　38
　　負担軽減方略　　41
　　フロー　　127
　　文脈　　6

◆ほ
　　方策　　8
　　報酬方略　　41
　　方略　　8
　　方略の般化　　8

◆ま
　　マスタリー・モード　　11

◆み
　　自ら学ぶ力　　2

◆め
　　メタ認知　　7, 17, 27, 61, 83, 110, 116, 121
　　メタ認知的活動　　62
　　メタ認知的制御　　10
　　メタ認知的知識　　62, 115
　　メタ認知的方略　　21
　　メタ認知的モニタリング　　10
　　めりはり方略　　41

◆も
　　目標理論　　7
　　モニタリング　　6
　　模倣的レベル　　5
　　問題解決的対処　　46

◆よ
　　予見　　4, 6, 128

◆り
　　リソース　　68
　　リハーサル方略　　38

謝　辞

　本書は，2005年に名古屋大学大学院教育発達科学研究科に提出した博士学位請求論文「自己調整学習の成立過程：学習方略と動機づけの役割」をもとに大幅に加筆・修正を加えたものです。本書をまとめるにあたり，多くの方々からたくさんのご支援をいただいたと感じています。ここに記して感謝の意を表したいと存じます。

　学位論文の提出に際しましては，名古屋大学大学院教授の速水敏彦先生から懇切丁寧なご指導をいただきました。名古屋大学の博士後期課程より門下生に加えていただいてから，ひとかたならぬご指導をいただいたこと，深く感謝いたしております。先生のお言葉の一つ一つが動機づけとなり，自らを律する指針となっていたように思います。

　また，現在，神戸学院大学人文学部教授であられる小石寛文先生には，神戸大学の学部学生の頃から現在に至るまでたいへんお世話になり，本書のもとになった各論文の執筆を進めるにあたりましても，研究計画の段階から幾多にわたるご指導をいただきました。研究の道に導いてくださったのも，ここまでたどりつくことができたのも先生の御蔭であると深く感謝いたしております。心より深くお礼を申し上げます。

　それぞれの論文の作成過程におきましては，たくさんの場で発表させていただく機会をもちました。速水ゼミ，小石ゼミのみなさま方には，多くのご助言をいただきました。神戸大学大学院では，齊藤誠一先生，中林稔堯先生から温かい励ましを賜り，たいへんお世話になりました。塚野州一先生（立正大学）をはじめ，東京大学の市川研究室のみなさま，自己調整学習研究会のみなさま，そして，多鹿秀継先生（神戸親和女子大学），丸野俊一先生（九州大学）が主催されている「認知と授業」研究会のみなさまからも，発表の機会をいただき，ご助言をいただきました。中谷素之氏（大阪大学），神藤貴昭氏（立命館大学），西口利文氏（中部大学）とは大学院の頃から研究仲間として頻繁に議論を行い，そのことによって研究がかなり練り上げられたと感じています。厚くお礼を申し上げます。さらに，塚越奈美さん（中京女子大学）には，学位論文の完成原稿に丁寧に目を通していただき，また，本書の出版に際しましては，岡田　涼氏（日本学術振興会・名古屋大学）に精査していただき，形式面から内容面にわたって的確なご指摘をいただきました。研究資料の整理にあたりましては，愛知教育大学教育学研究科の世良千尋さん，里澤聡洋くん，増田知慧美さん，鈴木小織さんのご助力を得ました。記してお礼を申し上げます。

本書に掲載されている調査や実践は，多くの学校の先生方，児童・生徒のみなさんのご協力によって実施することができました。お一人お一人のお名前は割愛させていただきますが，この場をお借りして心よりお礼を申し上げます。研究を進めるにあたり，常に念頭にあったのは，現場において子どもの成長を見守っておられる先生方，そして，子どもたち一人一人の幸せに少しでも貢献することでしたが，そのためにも，本書を出発点として，今後さらに精進を重ねてゆかねばならないと考えています。

　私事になりますが，研究者としての自分が今あるのは，父と母の励まし，心の支えがあってのことだと強く感じています。未熟な筆者の「自ら学ぶ力」の基盤を長きにわたって育んでいただいたこと，とても有り難いことだと思っています。

　最後になりますが，本書の出版にあたりましては，北大路書房編集部の柏原隆宏さんから多大なるご示唆，ご支援をいただきました。

　あらためまして，この場をお借りし，心より御礼申し上げます。

2009年8月

伊藤　崇達

■著者紹介

伊藤崇達（いとう・たかみち）

1972年　大阪府に生まれる
1998年　名古屋大学大学院教育学研究科教育心理学専攻博士課程後期課程退学
現　在　九州大学大学院人間環境学研究院人間科学部門・心理学講座准教授（博士（心理学））
主著・論文　教授・学習に関する研究の動向　教育心理学年報　第44集，82-90．2005年
　　　　　　自己調整学習の理論（分担訳）　北大路書房　2006年
　　　　　　自己調整学習の実践（分担訳）　北大路書房　2007年
　　　　　　学ぶ意欲を育てる人間関係づくり－動機づけの教育心理学－（分担執筆）　金子書房　2007年
　　　　　　やる気を育む心理学（編著）　北樹出版　2007年

自己調整学習の成立過程
学習方略と動機づけの役割

2009年 9月20日　初版第1刷発行　　定価はカバーに表示
2025年 3月20日　初版第6刷発行　　してあります。

　　　著　者　伊　藤　崇　達
　　　発行所　（株）北大路書房

〒603-8303　京都市北区紫野十二坊町12-8
　　　　　　電　話　(075) 431-0361 (代)
　　　　　　ＦＡＸ　(075) 431-9393
　　　　　　振　替　01050-4-2083

Ⓒ2009　　　　　　　印刷／製本　モリモト印刷㈱
検印省略　落丁・乱丁はお取り替えいたします。
ISBN978-4-7628-2689-4 Printed in Japan

・JCOPY 〈(社)出版者著作権管理機構　委託出版物〉
本書の無断複写は著作権法上での例外を除き禁じられています。
複写される場合は，そのつど事前に，(社)出版者著作権管理機構
（電話 03-5244-5088, FAX 03-5244-5089, e-mail info@jcopy.or.jp）
の許諾を得てください。